A Guardiã das Sete Catacumbas

Maria Padilha das Almas

Carlos Casimiro

Inspirado pelo espírito Preto-Velho Pai Barnabé e por
Maria Padilha das Almas

A Guardiã das Sete Catacumbas

Maria Padilha das Almas

© 2021, Madras Editora Ltda.

Editor:
Wagner Veneziani Costa

Produção e Capa:
Equipe Técnica Madras

Revisão:
Silvia Massimini Felix
Jerônimo Feitosa
Neuza Rosa

Dados Internacionais de Catalogação na Publicação (CIP)
(Câmara Brasileira do Livro, SP, Brasil)

Preto-Velho
A guardiã das sete catacumbas/inspirado pelo espírito do Preto-Velho, Pai Barnabé, Maria Padilha das Almas; [psicografado por] Carlos Casimiro. – São Paulo: Madras, 2021.

ISBN 978-85-370-1176-8

1. Romance brasileiro 2. Umbanda (Culto) I. Pai Barnabé.
II. Almas, Maria Padilha das.
III. Casimiro, Carlos. IV. Título.

19-23632   CDD-299.672

Índices para catálogo sistemático:
1. Romances mediúnicos: Umbanda 299.672
Cibele Maria Dias – Bibliotecária – CRB-8/9427

É proibida a reprodução total ou parcial desta obra, de qualquer forma ou por qualquer meio eletrônico, mecânico, inclusive por meio de processos xerográficos, incluindo ainda o uso da internet, sem a permissão expressa da Madras Editora, na pessoa de seu editor (Lei nº 9.610, de 19/2/1998).

Todos os direitos desta edição reservados pela

MADRAS EDITORA LTDA.
Rua Paulo Gonçalves, 88 – Santana
CEP: 02403-020 – São Paulo/SP
Caixa Postal: 12183 – CEP: 02013-970
Tel.: (11) 2281-5555
www.madras.com.br

Índice

Agradecimentos 7
Prefácio 8
Sentença Incerta 9
Ruth Tenta Esquecer Seu Passado 15
Medo do Passado Ainda Presente 18
Sofrimentos Passados Invadem o Presente de Ruth 22
Ruth é Novamente Perseguida 26
Por Amor, Ruth Toma Sua Decisão 29
A Última Confissão 33
A Despedida 35
Decisão Concretizada 37
Antes... Sofrimentos... A Mãe de Ruth
Assume a culpa... Sem Ser a Culpada 41
José Descobre o Plano de Ruth... Mas Já Era Tarde 50
O Fim do Sofrimento de Ruth... Na Carne 53
Escravos das Trevas 58
Trabalhos Negativos 64
Último Trabalho Fora da Lei. Inácio é
Pego por Guardiões Executores 68
A Lei do Retorno... Contra Inácio 72
O Arrependimento de Inácio 82
A Evolução de Inácio 85
Um Novo Aliado à Esquerda 90
O Resgate. Um Ser Desconhecido... Por Ruth 94
Conhecendo Guardiões de Lei 99
Evoluindo... Conhecendo o Guardião Exu do Ouro 111
De Volta ao Cemitério 122

Aprendendo a Receber Oferendas.
A Evolução Continua 130
Conhecendo a Guardiã Rosa Negra 135
Executores da Lei 144
Apresentada às Forças Divinas 152
O Resgate... Perdoar Pode Não Ser Fácil...
Mas Pode Aliviar Nossa Alma 170
Maria Padilha das Almas.
A Guardiã das Sete Catacumbas 178
Visita a um Templo. Saudação às
Forças da Esquerda 186

Agradecimentos

Agradeço ao nosso Pai Olorum e ao Pai Oxalá, por terem permitido que eu encontrasse o caminho da Umbanda; hoje, sei que tudo acontece por intermédio deles e de nosso merecimento.

Agradeço aos Orixás, Guias e Guardiões protetores que me acompanham, pelo conhecimento dado, pela proteção e sustentação em todos os trabalhos e em minha vida. Agradeço aos Orixás, Guias e Guardiões protetores da Tenda de Umbanda Ogum Beira-Mar e Pai João de Mina, por me darem conhecimento, sabedoria e sustentação em todos os trabalhos desde que iniciei na casa. Agradeço ao Pai Barnabé e à Guardiã Maria Padilha das Almas, por terem usado a mim como matéria para que esta linda história pudesse ser escrita.

Agradeço à minha família, agradeço aos dirigentes espirituais, mestres e médiuns da Tenda de Umbanda Ogum Beira-Mar e Pai João de Mina, por todo apoio e incentivo nessa jornada.

Prefácio

Jessica Schirrmann

O que uma mãe é capaz de fazer por uma filha? Como viver em uma sociedade, em que as mulheres são submissas e devem respeito e obediência a seus maridos e pais?

Nesta obra, conheceremos a história de Ruth, uma jovem moça simples, que vivia com os pais. Sua vida muda quando sua mãe é presa e condenada à morte pelo juiz local, pela tentativa de assassinato de seu pai. A pedido de sua mãe, ela foge para um vilarejo, e assim, vai morar com familiares.

Os anos passam, mas as angústias do passado ainda a atormentam. Em razão de tudo o que passou em sua infância, Ruth teve de conviver e aceitar sofrimentos que a marcaram profundamente. Não marcas como cicatrizes, e sim marcas que ferem a alma, a dignidade, a essência e, diante disso, ela alimentou sentimentos negativos dentro de si, sentimentos esses que, com o passar dos anos, se tornariam desejos de vingança.

Agora casada e com três filhos, Ruth tem a certeza de que sua vida seria diferente, mesmo vivendo em condições humildes com seu fiel companheiro José em um vilarejo. Porém, a linda jovem enganou-se e, anos depois, aquele que trazia e a fazia lembrar-se de seu sofrimento vai a seu encontro. Para evitar que seu tormento causasse dor aos que ela amava, Ruth toma uma decisão. Decisão essa que poderia trazer consequências em seu desencarne... e foi o que aconteceu. Ela fez sua escolha e direcionou seus caminhos ao encontro das trevas. E lá, mesmo que de forma diferente, ela também sofreria, mas o que Ruth não imagina é que aquele que um dia a levou para as trevas seria o mesmo que a ajudaria a encontrar outros caminhos... caminhos esses que a fariam carregar um nome até hoje: Maria Padilha das Almas, A Guardiã das Sete Catacumbas.

Sentença Incerta

Século XIX. Terras brasileiras. Ano de 1840. Antes de dar a sentença a uma senhora de aproximadamente 50 anos, em meio a dezenas de pessoas, o juiz aproximou-se dela e disse:
– Vou perguntar mais uma vez! – era o juiz quem falava a sós com aquela senhora. – Depois que eu der sua sentença, não poderei voltar atrás!... Sou um juiz!... Tenho um nome e cargo a zelar!... Tem certeza de tudo o que disse?!
– Sim, meritíssimo! – afirmou aquela senhora. Naquele momento, ela tinha suas mãos amarradas para trás e estava presa a um tronco onde os réus ficavam até que a sentença fosse concretizada. – Não aguentava mais sofrer nas mãos daquele maldito homem!... Eu era agredida todos os dias! – afirmou ela com certa tristeza.
– Mas, pelo que posso notar, a senhora não carrega marcas de agressões, como disse perante todos!... Por que tentou tirar a vida dele de forma tão cruel?! – Sim. Aquele juiz não conseguia acreditar em tudo o que ouvira daquela senhora. Parecia estar desconfiado.
– Já disse, senhor juiz... Eu era agredida constantemente! Quando isso acontecia, ele me obrigava a ficar trancada no porão até que as marcas de suas agressões sumissem de meu corpo! Quando alguém ia à minha procura, ele inventava alguma desculpa para dizer que eu não estava!... Ninguém desconfiava de nada!
– E por que não levou o caso às autoridades? – perguntou o juiz, ainda desconfiado, olhando fixamente nos olhos daquela senhora, pois sentia que havia algo de errado em sua narrativa.
Cabisbaixa, ela pensou por alguns segundos, em seguida disse:
– Infelizmente tive uma filha com aquele amaldiçoado, meritíssimo. Ele vivia dizendo que tiraria a vida dela caso alguém soubesse das

agressões que eu sofria! – Aquela senhora omitia os fatos. Não era ela a responsável pelo que havia acontecido.

– E, para salvar sua filha, a senhora tentou matá-lo, cravando uma faca em seu coração e o golpeando na cabeça – disse o juiz, inconformado.

– Foi exatamente isso, senhor juiz! – afirmou a ré.

– E como fez isso?! – perguntou desconfiado o juiz. – Ele é bem mais alto e forte do que a senhora!... Ele nem tentou se defender?!

Novamente, ela pensou, em seguida disse:

– Eu estava ciente disso, senhor juiz. Sabia que ele poderia tentar se defender. Então, esperei ele dormir e o ataquei!... Mas infelizmente, aquele maldito ficou vivo! – a ré falava em um tom de ódio... Mas ainda omitia os fatos.

Depois de conversar por mais um tempo com aquela senhora, o juiz tinha quase certeza de que ela falava a verdade, pois sentia a ré convicta em suas palavras. E isso se deu pelo fato de que aquela senhora realmente parecia dizer a verdade.

Depois de conversar com ela, o juiz voltou a seu posto. Lá, conversou rapidamente com um de seus homens... Era um soldado.

– Ela parece dizer a verdade. Mas, ainda assim, não estou certo do que fazer.

– Senhor – era o soldado quem falava com o juiz. – Mesmo que não dê a sentença, essa senhora será morta!... Veja como as pessoas olham para ela... Elas irão fazer justiça com as próprias mãos!... Creio que não teremos muito o que fazer.

– Também penso da mesma forma... Bem... Ela pode até ser morta. Mas não serei eu quem dará sua sentença! – afirmou o juiz.

Sim. Aquele soldado estava certo. Mesmo que o juiz pedisse clemência, a população não aceitaria. A grande maioria já gritava pela morte daquela senhora. Naquele momento, naquela praça pública, muitos gritavam que, se o juiz não a condenasse pelo fato de ela ter confessado tentar tirar a vida de seu companheiro, que por sinal fora com requintes de crueldade, eles mesmos fariam justiça.

Mesmo desconfiando de que aquela senhora era inocente, o juiz decidiu seguir. Porém, a sentença não seria dada por ele, mas, sim, pela população, pois naquele caso ele não tinha muito que fazer... Pois aquela senhora havia confessado perante todos.

Algum tempo depois, o juiz levantou-se e se dirigiu à população...

– Com base nas confissões feitas pela própria acusada, como todos vocês puderam ouvir, ela se declara culpada por ter tentado tirar a vida de seu companheiro! Porém, pelo poder em mim investido, mesmo que ela tenha confessado, peço clemência a todos e deixo o destino dessa senhora em vossas mãos, me isentando perante a Deus sob o destino que a ela for dado!

A população até entendeu, mas não aceitou... Todos pediam pela morte daquela senhora... Porém, somente duas pessoas em meio à população eram contra: Ruth, uma bela jovem que estava por volta de seus 19 anos de idade. Era filha da senhora que seria condenada à morte. E, ao seu lado, estava seu tio... Irmão da mãe de Ruth... Ele também era contra.

Naquele momento, Ruth estava em desespero. Queria a qualquer custo se aproximar de sua mãe, mas era impedida por um dos soldados que estava próximo a ela.

Algum tempo depois, já com suas mãos amarradas onde seria morta e com um carrasco ao seu lado, a mãe de Ruth estava certa de que sua vida seria ceifada em poucos minutos. Então, como viu que tinha pouco tempo de vida, solicitou a presença do juiz, para que pudesse pedir algo.

Assim que o juiz se aproximou, a mãe de Ruth pediu...

– Senhor juiz. Eu disse toda a verdade! Agora gostaria de fazer apenas um pedido... Gostaria de falar com minha filha... Por favor!... Peça que seu soldado a solte e permita que ela venha aqui – pediu a mãe de Ruth, com seus olhos banhados em lágrimas.

Mesmo estando inconformado com tudo o que ouviu durante a narrativa da mãe de Ruth, o juiz foi ao encontro de Ruth, que ainda era impedida por um dos soldados de aproximar-se de sua mãe...

– Solte-a! – era o juiz quem ordenava ao soldado. Em seguida se dirigiu a Ruth. – Vá até sua mãe!

Às pressas, Ruth foi até sua mãe. O juiz ficou próximo às duas, a fim de ouvir o que iriam falar.

– Minha mãe, por favor!!! – era Ruth quem implorava.

– Fique quieta, Ruth!!! – ordenou sua mãe em alto tom, aparentando estar nervosa. Ela não deixou que Ruth terminasse de falar.

– Mãe, por favor!!! – Ruth pediu em prantos, acariciando o rosto de sua mãe.

Mas sua mãe não estava preocupada...

– Eu mandei você ficar quieta, Ruth!!! Isso não foi um pedido!!!... Foi uma ordem!!! – esbravejou a mãe de Ruth ainda com suas mãos amarradas para trás. – Escute o que vou lhe dizer, minha filha!... Tomei a decisão que achei ser certa! Quanto a você, deve seguir sua vida!... Procure nossos familiares! Alguns já desconfiavam do que acontecia em nossa casa! Seu tio que está em meio à população disse por muitas vezes que, você, ainda pequena, agia de forma estranha quando aquele insano se aproximava! – falava do pai de Ruth. – Ele já desconfiava do que acontecia! Peça para ele levar você e seus filhos para a casa de sua tia que mora no vilarejo! Como é distante, ficarão seguros por lá!... Não sinta pena daquele miserável, minha filha, que a essa hora deveria estar queimando no fogo do inferno! – e, com seus olhos banhado em lágrimas, pediu: – Agora me prometa algo, Ruth... Nunca mais volte para aquela casa!... Você não tem pai!... Aquele homem é um monstro!... Pegue seus filhos e vá para a casa de minha irmã no vilarejo. Ela não lhe negará ajuda!

Certa de que sua mãe não mudaria sua decisão...

– Está bem, minha mãe. Não voltarei para nossa casa. Pegarei as crianças e irei para a casa de minha tia – disse Ruth, ainda em lágrimas. – Mas, por favor!...

– Me prometa que fará isso, Ruth!

– Eu prometo, minha mãe! Mas, por favor!...

– Isso é tudo o que eu queria ouvir, minha querida filha! – disse a mãe de Ruth, interrompendo-a. – Agora vá! E não guarde mágoas por minha decisão, tudo bem? – a mãe de Ruth pediu com um leve sorriso em sua face, mas também tinha seus olhos em lágrimas.

Ruth ainda chorava, quando sua mãe ordenou:

– Vá, Ruth! Deixe que eu pague pelo que cometi! – disse ela olhando para o juiz. Sua intenção era que ele ouvisse tal afirmação.

Aos prantos, Ruth afastou-se de sua mãe. Ficou em meio às dezenas de pessoas que ali estavam.

Algum tempo depois, o juiz tentou novamente conversar com a mãe de Ruth para ver se ela mudaria sua versão dos fatos... Mas ela falava de forma tão convicta que o juiz nada pôde fazer. Além do que, muitos dos que ali estavam ouviram. E diante de tal situação e por não acreditar em tudo o que fora dito pela mãe de Ruth, o juiz seguiu com sua decisão... A sentença não seria dada por ele.

Depois de aproximadamente duas horas, a mãe de Ruth ainda estava presa com suas mãos amarradas para trás. Naquele momento, muitos gritavam:

– Ela merece a morte!! Mande-a para o inferno!!! Se ela não morrer, vai tentar matar aquele homem novamente!!! – falavam do pai de Ruth. – Condene logo essa maldita mulher, senhor juiz!!! Se ela não for morta, nós a mataremos!!!

Sim. Os que ali estavam deixaram claro que, caso a mãe de Ruth não fosse morta naquele dia, fariam justiça com as próprias mãos. Então, diante daquela situação e pelo fato da mãe de Ruth ter confessado tal ato e por ter um nome e cargo a zelar, naquele momento, o juiz olhou para mãe de Ruth, em seguida olhou para Ruth que ainda chorava em meio aos que ali estavam e, mesmo incerto dos fatos e sem muito que fazer, olhou para o carrasco e disse:

– Que seja feita a vontade dos que aqui estão!

Estava feito. Naquele momento, o carrasco fez com que a vontade do povo fosse feita. Em apenas alguns minutos, a mãe de Ruth deixou a vida na carne.

Algum tempo depois, todos já haviam ido embora. No local ficaram apenas alguns soldados. Eles aguardavam para levar o corpo, que, naquele momento, já estava jogado ao solo e era abraçado por Ruth, que chorava de forma desconsolada.

Sim. Mesmo com o juiz se isentando de tal situação, a mãe de Ruth fora morta, pois assumiu tal ato. Porém, mesmo assim, Ruth carregaria por anos um sentimento de culpa pelo que acontecera.

Com a ordem do juiz, os próprios soldados levariam o corpo para que fosse sepultado. Quanto a Ruth... Aquela bela jovem estava sem chão. Depois de ver a morte de sua mãe e por saber por que ela tomara aquela decisão e sentir-se culpada, o mundo parecia não mais existir para Ruth.

Ruth Tenta Esquecer Seu Passado

Depois de muito chorar ao lado do corpo de sua mãe, Ruth fora retirada de lá às forças pelos soldados. E, certa de que não poderia voltar para sua casa, depois de ver o triste sepultamento, foi para casa de seu tio e ali ficou sendo consolada por horas.

No dia seguinte, seu tio disse que a levaria para o vilarejo onde morava a tia de Ruth... Mas Ruth não aceitou:

– Obrigada. O senhor já fez demais por mim, meu tio. Além disso, sua companheira não pode ficar sozinha. Ela precisa de sua atenção... Fique tranquilo. Vou pegar meus filhos e seguir para o vilarejo... Ficarei bem.

Naquele dia, Ruth foi até a casa de uma conhecida para apanhar seus dois filhos.

– Obrigada por cuidar das crianças. – Ruth agradeceu a uma senhora.

– Não precisa agradecer, linda jovem. Eles já estão alimentados... Posso pedir algo a você? – perguntou aquela senhora. Ela estava compadecida com a situação de Ruth.

– Claro, minha senhora – disse Ruth com uma das crianças em seu colo e segurando a outra por uma de suas mãos.

– Você sabe que sou viúva, não sabe?

– Sim.

– Se quiser, pode vir morar comigo... Só peço em nome de Deus... Não volte para a sua casa!

– Agradeço sua boa vontade, minha senhora – agradeceu Ruth com leve sorriso em sua face. – Mas não posso aceitar. Prometi à minha mãe que ficaria na casa de minha tia. Além disso, logo, ele estará de volta à nossa casa. – Ruth falava de seu pai. – Não posso arriscar minha vida e a de meus filhos ficando próximo a ele.

– Tudo bem, Ruth. Mas pode contar comigo sempre que precisar.

De lá, Ruth iniciou uma caminhada. Às vezes pedia ajuda. Alguns homens ajudavam de bom grado, colocavam Ruth e as duas crianças em uma carroça e seguiam até onde podiam. Porém, outros, queiram ajudar apenas por verem que Ruth era jovem, bela e formosa e, como já podia imaginar o que poderia lhe acontecer, às vezes Ruth seguia caminhando. Não aceitava certas ajudas. E, depois de uma longa viagem, Ruth estava em outra cidade. E lá, caminhou até encontrar um humilde vilarejo... Ali morava sua tia.

Ao encontrar o vilarejo, Ruth começou a procurar a casa de sua tia, até que a encontrou.

Assim que viu Ruth do lado de fora, sem demora, sua tia foi ao seu encontro...

– O que aconteceu, Ruth?! Por que está chorando?... E quem são essas crianças?! – perguntou um tanto pasma a tia de Ruth.

Ruth nada respondeu. Apenas chorava.

– Venha, querida. Entre – pediu a tia de Ruth, levando-a para dentro de sua casa.

Já dentro da casa, assim que percebeu que Ruth estava mais calma, sua tia perguntou:

– Está mais calma, Ruth? Quer contar o que aconteceu?

Ainda em lágrimas, Ruth contou tudo o que havia acontecido... O que seu pai fazia, quem eram as crianças que estavam com ela e a morte de sua mãe.

Ruth contou tudo com riqueza de detalhes. E, assim que terminou sua narrativa, sua tia, já com feição de não acreditar no que acontecera, disse...

– Aquele homem é monstro, Ruth!! Como ele tinha coragem de fazer isso?!!... Não posso acreditar nisso!!

Ruth não sabia como responder. Além do que, também não entendia como seu pai cometera tais atos sem que sua consciência pesasse.

Ruth e sua tia continuaram a conversar, até que o companheiro da tia de Ruth chegou... Ele também ficou sabendo sobre o que havia acontecido.

– Pode ficar, tranquila, Ruth! – era seu tio quem falava. – Se aquele monstro vier àm sua procura, eu mesmo farei com que ele vá embora!!! – afirmou com certa irritação em suas palavras.

Passaram-se aproximadamente cinco anos, e durante esse tempo, Ruth teve uma vida normal ao lado de seus familiares e filhos... Um deles já estava com 6 anos de idade, o outro, um pouco menos.

Ruth estava bem. Naquele época já havia aceitado a morte e a decisão que sua mãe tomara... Mas ainda assim tinha um sentimento de culpa pelo que havia acontecido.

Algum tempo depois, já tendo esquecido parte de seu passado e junto a um formoso e humilde homem que havia lhe pedido em casamento, Ruth estava certa de que seria feliz. Teria ao seu lado um homem que a amaria e ajudaria a cuidar de seus filhos.

Mas Ruth estava enganada. Se sua felicidade dependesse somente dela e de seu futuro companheiro, até poderia ter sido feliz, mesmo vivendo de forma humilde. Sim, para Ruth, o fato de ser pobre não atingia sua essência. O importante para ela era saber que sua paz continuaria e que parte de seu passado já estava oculta... Sim, parte, pois sempre olhava para seus filhos, parte de seu passado que estava oculto às vezes vinha a seu mental... Mas Ruth jamais imaginaria que seu passado estava prestes a fazer parte de seu presente.

Medo do Passado Ainda Presente

Em um determinado dia, Ruth estava no vilarejo onde morava. Ela estava do lado de fora da casa. Naquele momento, ela olhava seus filhos que brincavam próximo a ela. E ao seu lado estava seu futuro companheiro, José, um homem que, naquela época, estava com seus 30 anos de idade.

Ruth tinha a felicidade estampada em sua face. Mas, segundos depois, sua feição mudara completamente. Era como se não acreditasse no que via.

– Algum problema, Ruth? – era José quem perguntava. – Por que parece estar com medo?

Ruth nada respondeu. Estava estática olhando para a entrada do vilarejo.

Preocupado, José chamou Ruth em tom mais alto:

– Ruth!!!... O que você tem?!!!

Ruth manteve-se em silêncio. Ainda estava estática olhando para a entrada do vilarejo.

Naquele momento, José olhou na mesma direção para a qual Ruth olhava e, ao ver um homem desconhecido aparentando ter seus 60 anos e Ruth com feição de estar com medo, começou a ficar desconfiado.

– Você conhece aquele homem, Ruth?... Está com medo dele? – perguntou José.

Nitidamente com medo, Ruth levantou-se rapidamente, pegou seus filhos e pediu a José:

– Não deixe ele tocar em mim, José! Por favor! – pediu um tanto temerosa e entrou em sua casa.

José ficou do lado fora sem nada entender. Até que aquele homem se aproximou e disse:

– Preciso falar com Ruth!... Chame-a! – ordenou de uma forma um tanto grosseira aquele senhor.

– Quem é o senhor? E porque quer falar com Ruth?! – José indagou de forma séria.

– Sou o pai dela!... Ande!... Vá chamá-la! – ordenou.

Assim que soube que aquele senhor era o pai de Ruth e já ciente de tudo o que acontecera, José se aproximou dele, apontou para sua face e o indagou...

– Como tem coragem de dizer que é pai dela depois de tudo o que fez, seu maldito insano?!... Velho doente!!! – José parecia estar um tanto nervoso.

– Não lhe devo satisfações!... Sou o pai dela! Vim buscá-la!... Se não chamá-la, entrarei à força!

– Pois, então, tente!!!... Vamos!!!... Tente se aproximar de Ruth!... Faça isso!.. Eu vou esquecer que tenho respeito por senhores!... Se der mais um passo em direção à porta, vou descarregar todo o meu ódio em você, miserável! – José falava e ainda apontava para a face do pai de Ruth. Demonstrava estar literalmente nervoso, a ponto de querer agredi-lo.

O pai de Ruth parecia não estar preocupado com as ameaças de José. Também pudera... Ele era um homem que tinha muitas influências com autoridades. Além disso, era dono de alguns bens, tinha valores... Chegou até a oferecer boas quantias a fim de se ver livre de atos que já cometera.

Certo de suas influências, o pai de Ruth se dirigiu a José...

– Cuidado com suas palavras, meu jovem! Você não sabe com quem está falando!... Vamos! Tente agredir-me!... E verá onde passará alguns anos de sua vida! – disse o pai de Ruth certo do que iria fazer e tentou entrar na casa.

José não desistiu. Impediu a todo custo o pai de Ruth de entrar na casa. Até que, em um determinado momento, os dois ouviram um disparo de arma de fogo... Era o tio de Ruth. Ele saiu da casa empunhando uma espingarda...

– Vamos, seu insano miserável!!! – era o tio de Ruth quem gritava, com sua espingarda direcionada para o pai de Ruth. – Tente entrar!!!... Se invadir minha casa, acabo com sua vida, seu velho doente!!! – o tio de Ruth parecia estar em fúria.

Um tanto temeroso com uma arma direcionada para si, o pai de Ruth começou a se afastar para sair do vilarejo. Mas deixou claro a José e ao tio de Ruth:

– Vocês não têm poder sob ela!... Ela é minha filha!... Podem esperar!!! Voltarei aqui com as autoridades para levá-la!!! – e saiu do vilarejo.

Dias depois daquele ocorrido, Ruth estava com José. Eles estavam próximo a um pequeno lago.

Naquele momento, José tentava ajudar Ruth a esquecer seu passado e a todo o momento afirmava a ela que, por mais que seu pai viesse à sua procura, ele não deixaria que se aproximasse dela... Mas Ruth conhecia seu pai e suas influências. Estava certa de que, mesmo que José quisesse ajudá-la, hora ou outra seu pai a encontraria e tentaria levá-la para sua casa.

– Sou grata por suas palavras consoladoras, José. Mas conheço muito bem aquele homem!... Ele tem influências! Conhece muitos homens da lei!... Hora ou outra, ele vira atrás de mim.

– Então, por que não nos mudamos do vilarejo?... Vamos para bem longe daqui, Ruth! Seremos felizes, eu, você e nossos filhos. – José falava dos filhos de Ruth. Por amor a ela e às crianças, ele os acolheu como seus filhos.

Emocionada com as palavras de José, mas certa do que poderia acontecer, Ruth pegou as mãos de José e disse:

– Sou grata a Deus por ter conhecido um homem digno, que respeita o próximo e tem grande amor por mim e por meus filhos... Mas, por mais que eu tente fugir, não adiantará, José. Já fiz isso quando tinha 12 anos. Fugi durante a noite. Fiquei na casa de uma amiga de minha família. Era distante de minha casa também. Mas ele, junto com minha mãe, encontrou-me.

– Creio que sua mãe foi à sua procura por estar em desespero por não saber onde você estava. Já aquele que um dia você chamou de pai não estava tão preocupado como sua mãe, não?

– Aquele maldito nunca esteve preocupado comigo. Só foi atrás de mim porque minha mãe insistiu. Além disso, ela não sabia o que ele fazia... Não tem jeito, José. Com os bens que ele tem e suas influências, mesmo que eu atravesse o oceano, ele irá à minha procura.

José abraçou Ruth e a consolou...

– Estarei sempre do seu lado, Ruth. Farei de tudo para que você possa esquecer seu passado sombrio... Mas peço que também me ajude.

– Como? – perguntou Ruth.

– Tentando esquecer também. Essas lembranças não fazem bem a você... Notou como você se referiu a ele?

– Como maldito?... E o que espera que eu possa achar dele?! – Ruth parecia estar com certo ódio de seu pai.

– Tudo bem, Ruth. Esqueça o que eu disse... Vamos falar sobre nós. – disse José, novamente abraçando Ruth.

Ruth e José continuaram conversando. Falavam sobre o futuro e da união em matrimônio que planejavam. E naquele dia, José conseguiu convencer Ruth de que o melhor a fazer era que se mudassem do vilarejo.

Como sentiam grande amor um pelo outro, algum tempo depois Ruth e José selaram união em matrimônio e, com a ajuda dos tios de Ruth e dos pais de José, conseguiram um pequeno lar para morarem em uma vila um pouco distante do vilarejo.

Naquele pequena vila, José e Ruth trabalhavam juntos em sua casa. Por mais que fosse algo um pouco exaustivo, viviam felizes, pois o amor imperava entre eles.

Ruth estava muito feliz. Em pouco mais de um ano de união, já sentia ser outra mulher. E isso se deu por causa do amor de José, o bom homem que ele era, e seu terceiro filho que teve por escolha própria... Essas e outras coisas faziam com que seu passado fosse sendo esquecido.

Mas Ruth não seria feliz muito tempo. Por mais que José quisesse ajudá-la, o poder e as influências do pai de Ruth eram maiores. E, em virtude disso, a felicidade de Ruth estava por terminar.

Sofrimentos Passados Invadem o Presente de Ruth

Em um determinado dia, Ruth estava do lado de fora de sua casa. Naquele momento, ela tinha em seus braços seu pequeno filho, fruto de sua união com José, quando recebeu a visita inesperada de seus tios.

Assim que os avistou, Ruth levantou-se, foi ao encontro deles, os abraçou e pediu a bênção a eles. Em seguida, notando a triste feição de sua tia, perguntou:

– Algum problema, minha tia?... Por que você está chorando?

– Precisamos falar com você e seu companheiro, Ruth... José está em casa? – era o tio de Ruth quem perguntava.

– Sim. Ele está com nossos filhos... Venha. Vamos entrar.

Já dentro da casa, Ruth serviu café aos seus tios e, ainda notando tristeza em sua tia, novamente perguntou:

– Aconteceu alguma coisa?

– Sim – era o tio de Ruth quem falava. – Seria melhor que falássemos sem a presença das crianças, Ruth.

José pediu que os dois filhos maiores de Ruth fossem para outro cômodo.

– Pronto. As crianças não podem ouvir – era José quem falava. – Aconteceu algo de ruim?

Naquele momento, a tia de Ruth olhava para ela com semblante de tristeza e ao mesmo tempo preocupada... Mas não conseguia dizer o que havia acontecido.

Desconfiada e lembrando-se da promessa de seu pai, Ruth já parecia saber o que havia acontecido...

– Ele foi ao encontro de vocês?... É por isso que estão aqui? – perguntou Ruth.

– Minha filha. Vocês precisam fugir daqui!... Vão para bem longe! – disse a tia de Ruth ainda preocupada.

– Mas o que aconteceu? – era José quem perguntava.

– O pai de Ruth foi até nossa casa no vilarejo – era o tio de Ruth quem falava. – Com ele, havia alguns homens da lei. Eles disseram que, caso não déssemos o paradeiro de Ruth, seríamos levados a julgamento por a tirarmos dele!

– Mas isso é um absurdo! Ruth está próxima de completar 30 anos! Está casada comigo por escolha própria!... Como aquele insano diz que a tiramos dele?! – José estava um tanto nervoso depois do que ouvira.

– Eu disse a você que ele tem influências, José! – era Ruth quem falava. – Com certeza, ele pagou para que ameaçassem meus tios!

– Filha, não estamos preocupados com nossas vidas, mas, sim, com a sua!... Você tem três filhos! Não pode correr esse risco! – disse a tia de Ruth.

Naquele momento, Ruth lembrou-se de tudo o que havia passado, lembrou-se da morte de sua mãe e das promessas que seu pai fazia quando dizia: *"Se contar à sua mãe ou a outro alguém, é bem capaz de que você fique sem mãe!... Pior do que isso!... É bem capaz de que seus filhos também fiquem sem mãe!... A escolha é sua!"*.

Sim. Era esse tipo de ameaça que Ruth sofria quando morava junto a seu pai. E ela sabia do que ele era capaz.

Preocupada com a vida de seus tios, Ruth disse a eles:

– Vocês não podem voltar para o vilarejo! – em seguida se dirigiu a José: – José, se eles voltarem, aquele monstro pode ordenar alguma maldade contra eles! Não podemos deixar que isso aconteça!... Precisamos ajudá-los!

– Tudo bem! Acalme-se, Ruth! Caso eles estejam de acordo, não vejo problemas se vierem morar conosco.

– Não, José – era a tia de Ruth quem falava. – Não viemos aqui para incomodá-los. Apenas queremos que Ruth, você e seus filhos fiquem seguros!... Voltaremos para nosso lar. Viemos apenas para dizer que ele pode querer vir atrás de Ruth... Estamos preocupados com todos vocês!

– Não! – era Ruth quem falava. – Vocês não vão voltar! Ficarão aqui!... Se aquele maldito homem fizer algo contra vocês, não sei o que serei capaz de fazer! – Ruth parecia estar nervosa. As lembranças de seu passado e o ódio que sentia de seu pai pareciam tomá-la.

– Acalme-se, Ruth! – pediu José.

– Não vou me acalmar, José!!! – Ruth gritou. – Eu odeio aquele maldito homem!!! – As lágrimas de tristeza e ódio corriam através dos olhos de Ruth.

– Acalme-se, minha filha! – pediu a tia de Ruth.

– Eu avisei que não era uma boa ideia ter vindo aqui para dizer isso a ela – era o tio de Ruth quem falava.

Algum tempo depois, Ruth conseguiu acalmar-se, mas ainda chorava...

– Perdoe-me, José. Não deveria ter gritado com você! – Ruth pediu e o abraçou.

– Tudo bem. Não tenho motivos para perdoá-la. Depois de tudo o que passou e o que sua mãe fez por você, posso imaginar sua dor e revolta... Acalme-se, Ruth.

Pouco tempo depois, já mais calma, Ruth pediu à sua tia:

– Por favor! Peço em nome de Deus!... Não voltem!... Fiquem aqui!... Eu lhe imploro, minha tia!

– Acalme-se, Ruth – era seu tio quem pedia. – Tudo bem. Passaremos esta noite aqui. Mas não podemos morar com vocês.

Ruth concordou, mas apenas por ter algo em seu mental. Algo que talvez pudesse fazer para que seus tios permanecessem ali.

Noite. Depois de conversar em particular com seu companheiro, Ruth foi até a presença de sua tia e pediu.

– José e eu precisamos sair, mas voltaremos logo... Poderia por favor cuidar das crianças?... Não vamos demorar.

– Claro, minha filha. Podem ir. Cuidarei deles... Seu tio está dormindo. Mas ficarei acordada até que voltem.

– Muito obrigada, minha tia – Ruth agradeceu, abraçando-a.

Assim que saíram de sua casa, Ruth perguntou a José:

– Conseguiu pegar as chaves dele?

– Sim.

– Muito obrigada! – agradeceu Ruth. – Sou grata a Deus por ter te conhecido, José.

– Eu também sou grato por ter conhecido você, Ruth... Agora vamos! Não podemos demorar. Se ele acordar, pode sentir falta das chaves... Você e suas ideias malucas.

José e Ruth subiram em uma carroça e seguiram em direção ao vilarejo onde seus tios moravam. Ao chegarem, Ruth chamou uma amiga de sua confiança e, juntos, os três pegaram o que puderam de dentro da casa, inclusive roupas, colocaram na carroça e voltaram para sua casa.

Assim que chegaram, Ruth e José descarregaram a carroça e adentraram em casa, quando foi indagada por sua tia:

– O que é isso, Ruth? – perguntou desconfiada.

– Essas coisas pertencem a nós, não? – era o tio de Ruth quem perguntava. – Vocês foram até nossa casa?

– Vocês não voltarão! – era Ruth quem falava. – Joguei as chaves fora e disse ao povo do vilarejo que podiam se apoderar dos bens que estão na casa, que vocês não iriam mais voltar para lá!... Desculpem-me! Não posso deixar aquele monstro fazer algo contra vocês!

– Fiquem tranquilos – era José quem falava. – As crianças podem dormir em nosso quatro. Vocês podem ficar no quarto delas. Em breve, daremos um jeito de fazer mais um cômodo.

Os tios de Ruth não ficaram de outra forma, a não ser pasmos com a atitude de José e Ruth.

Sim, Ruth estava certa de que deveria ajudar aqueles que um dia acolheram a ela e seus filhos. Tinha certeza de que, caso ficassem no vilarejo, correriam risco.

Mas o que Ruth não sabia era que... Mesmo tendo se mudado do vilarejo e tirado seus tios de lá, ainda assim seu pai iria à sua procura.

Ruth é Novamente Perseguida

Em um determinado dia, mais precisamente quando José e os tios de Ruth não estavam em casa, Ruth lavava algumas vestes do lado de fora.

Seus filhos estavam dentro da casa, quando alguém se aproximou e a cumprimentou...

– Olá, Ruth...

Assim que se virou, Ruth viu que era seu pai quem estava próximo.

Um tanto amedrontada com aquela presença, Ruth não conseguia dizer nada. Estava estática. Naquele momento, muitas coisas passavam em seu mental, inclusive o que poderia acontecer com seus filhos, José ou até mesmo aos seus tios... Sim. Ruth sabia do que seu pai era capaz, podendo até mesmo se sair como vítima de tal situação.

Segundos depois, ainda com medo e um tanto preocupada, Ruth perguntou:

– O que faz aqui?!

– Só vim lhe dar um aviso, filha!... Eu não concedi sua mão em casamento para nenhum homem! Logo, não deveria ter se casado!... Muito menos com aquele miserável que não tem onde cair morto!... Veja essa casa! Esse lugar! – disse o pai de Ruth olhando em sua volta. – É assim que desejava viver, minha filha? Em um pobre e imundo vilarejo e com um homem que nunca terá condições de lhe dar um futuro digno?

Com certo ódio, Ruth disse:

– Esse, a quem você chama de miserável, é o pai de meus filhos! – disse um tanto nervosa com o que ouvira. – E engana-se se acha que preciso de luxo e uma casa como a sua para ser feliz!... O amor, carinho e respeito que José dá a mim e aos meus filhos é o bastante para que eu possa ser feliz!... Coisa que você nunca deu!... Agora vá embora! Antes que eu comece a gritar por socorro!... Pode ter certeza!... Caso eu faça isso, você não sairá vivo!... Muitos dos que vivem aqui não pensam duas vezes em fazer justiça com as próprias mãos!... Você irá para o inferno! Lugar onde já deveria estar há muito tempo, depois de tudo o que fez!... Eu odeio você!!! – Ruth falava com ar de entojo.

O pai de Ruth tinha seu olhar tranquilo. Parecia não estar preocupado com tais ameaças.

– Tudo bem. Eu vou embora. Mas antes deixarei claro!... Você tem uma casa e um pai!

– Nunca tive pai! – Ruth retrucou. – Você sempre foi um monstro em minha vida! Por sua culpa, minha mãe está morta!.... Era você, maldito, quem deveria ter recebido sua sentença de morte!

Ainda com seu olhar tranquilo, o pai de Ruth disse:

– Pouco me importam suas palavras e ameaças, Ruth... Bem, como eu dizia, você tem uma casa e um pai! Caso não volte para sua casa, esses a quem ama poderão ter sérios problemas!.. Ou quem sabe até nem tenham problemas... Não acredito em problemas após a morte – ironizou e, após alguns segundos, concluiu: – A escolha é sua, minha filha. – Alertou o pai de Ruth e foi embora do vilarejo.

Ao mesmo tempo em que sentia desejos de dar um fim naquela situação, Ruth também pensava nos que estavam ao seu lado... Seus filhos, seu esposo e seus tios. Sim, naquele momento Ruth olhava para seu pai que caminhava para sair do vilarejo. Sua vontade era a de ir contra ele, mesmo sabendo que poderia ser agredida, pelo fato de ele ser homem.

Mas Ruth relevou. Naquele momento buscou a Deus. Em preces, pediu que Ele tirasse de sua mente aqueles pensamentos negativos.

Horas depois, José chega a sua casa. Junto com ele estavam os tios de Ruth... José notou que Ruth agia de forma estranha.

– Algum problema, Ruth? Algo parece incomodá-la.

– Só estou cansada por conta dos afazeres de casa, José. Não se preocupe – disse Ruth e foi cuidar de seus filhos, a fim de que José não a questionasse.

Não. Ruth não fora grosseira com seu companheiro. Sua preocupação era o que poderia acontecer, caso José soubesse da visita indesejada que ela recebera. E como José estava ciente do que havia acontecido, Ruth sabia que ele faria algo. Para ele, não seria difícil ir ao encontro do pai de Ruth para tirar satisfações... Por isso Ruth omitiu... Ela não estava preocupada com a vida de seu pai, mas, sim, com a de José e dos que com ela moravam.

Alguns dias depois, Ruth ainda pensava no que havia acontecido. Além de estar preocupada com o que seu pai poderia fazer, caso ela não voltasse a morar com ele, também pensava em seu passado sombrio, todo sofrimento que passou, os anos em que teve de se manter calada e a última ameaça que seu pai fizera, na qual deixou claro que, caso ela não voltasse, quem pagaria seriam os que estavam ao seu lado. E, todos esses pensamentos, por mais que Ruth fosse temente a Deus e participasse de alguns cultos em uma pequena igreja, fariam com que ela alimentasse ainda mais o ódio que sentia por seu pai. E em razão disso, sentiu que precisava fazer algo, por ela, José, seus filhos e tios... Ruth queira de alguma forma protegê-los.

Por Amor, Ruth Toma Sua Decisão

Dias depois, assim que chegou a sua casa, José deparou com a seguinte cena: Ruth estava acamada. Ao seu lado estavam seus tios.

– O que aconteceu com Ruth? – perguntou José, aproximando-se da cama.

– Não sabemos o que ela tem, José – era a tia de Ruth quem falava. – A vizinha ao lado chamou um conhecido dela que é médico, mas ele também não conseguiu descobrir o que Ruth tem. Mas disse que algo grave não deve ser, pois ela não teve febre. Mas está assim desde manhã. Quase não saiu da cama! Até agora não se alimentou! Nem água quis tomar.

– Ruth, fale comigo!... O que você tem?! – José perguntou, preocupado.

Ruth nada respondia. Apenas chorava.

Algumas horas depois, Ruth ainda estava da mesma forma. Preocupado, José pegou informações de onde era a casa do médico e foi ao seu encontro para que ele pudesse novamente tentar descobrir o que acometia sua companheira.

Aquele médico aceitou o pedido de José e novamente foi examinar Ruth. Porém, ele não descobriria o que acometia aquela linda jovem... A não ser que tivesse o dom de escutar mentes alheias... Que não era seu caso.

Novamente, o médico nada descobriu. E para José não restava escolha a não ser passar a madrugada ao lado de sua companheira.

No dia seguinte, Ruth levantou-se poucas vezes. Em uma delas foi até a uma igreja, conversou com o padre, pediu sua bênção, se confessou por algum tempo e, em seguida, foi embora.

Noite. Decidida, Ruth chamou José e seus tios para dizer algo a eles.

– Preciso dizer algo a você, meu querido e grande amor José, e a vocês, a quem tive como meus pais – disse Ruth a José e a seus tios.

– Diga, minha filha. Estamos ouvindo – disse a tia de Ruth.

– Ruth, estou preocupado! – era José quem falava. – Diga de uma vez o que tem a dizer, por favor.

Ruth ficou em silêncio por um tempo. Em seguida, disse:

– Antes de dizer, preciso que todos me prometam algo... Caso aconteça algo de ruim comigo, cuidarão de meus filhos – Ruth pediu com seus olhos banhados em lágrimas.

– Por que está pedindo isso, Ruth?!!! – José perguntou em alto tom. – Ficou louca?!!! Que insanidade é essa que está dizendo?!!! – José ficara nervoso com o que ouvira.

– Não estou louca, José! – Ruth afirmou ainda em prantos. – Por favor! Prometa que cuidará de nossos filhos, caso algo de ruim aconteça comigo!

– Ruth!!!... Você ficou louca?!! – José indagou.

– Me prometa, José, por favor!!! – Ruth parecia estar em desespero.

– Acalme-se, minha filha! – pediu a tia.

– Me prometa, minha tia! Prometa que cuidará de meus filhos! Por favor! Só preciso ouvir isso!!! – o desespero de Ruth só aumentava.

– Tudo bem, Ruth! – era a tia quem falava. – Eu prometo! Mas, por favor, acalme-se!

– Me prometa, José! Prometa que cuidará de nossos filhos!

– Ruth!!! Já disse isso dezenas de vezes!... Nunca abandonaria você e nossos filhos!!!.... Agora acalme-se, por favor!!!

– Quero que me prometa!!! – Ruth estava descontrolada. Com certa força bateu no peito de José. Queria a qualquer custo que ele prometesse que cuidaria das crianças.

– Acalme-se, Ruth! – José a abraçou. – Tudo bem! Eu prometo!

O tio de Ruth também prometeu que ajudaria a cuidar das crianças. E naquele momento, Ruth disse o porquê daquele pedido.

– Há algum tempo venho tendo sonhos estranhos. Nos primeiros dias não conseguia entender o porquê daqueles sonhos... Mas agora consegui compreender. – Ruth ficou em silêncio por alguns segundos, em seguida olhou para todos e prosseguiu. – Eu vou morrer!

– Ficou louca, Ruth?!!! – José indagou. – Onde foi parar seu juízo?!!!

– Não estou louca, José! Acredite em mim! – Ruth falava como se estivesse em desespero. – Eu não conseguia entender aqueles sonhos. Até pessoas estranhas foram aparecendo! Eles diziam as mesmas coisas!... Que logo não estarei mais viva! – Ruth mentia. Disse sobre o sonho apenas por ter certeza de que logo não mais estaria viva na carne.

– Não diga isso, filha! – era tia de Ruth quem falava. – Você é uma jovem linda e tem uma vida toda pela frente!... Não permita que sonhos como esses façam parte de sua vida!

Era inútil. Todos tentaram mudar os pensamentos de Ruth. Mas ela parecia estar convicta de sua morte.

Foram quase duas horas de conversa. Até que Ruth resolveu dar um fim naquele assunto.

– Podem pensar o que quiserem!... Mas estou certa do que estou falando!... Se não estivesse, por qual motivo acham que fui por diversas vezes à igreja? – Ruth falava e olhava para todos os que ali estavam. – Ia pedir perdão por meus erros!... Além de pedir que todos aqui possam ter paz! E que meus filhos possam ficar bem.

Sim. Ruth fora por diversas vezes na igreja. Mas havia verdades e mentiras no que dissera... Que ela pedia para que todos pudessem ter paz e que seus filhos pudessem ficar bem, isso fora verdade. Porém, mentiu quando disse que também ia à igreja para pedir perdão por erros cometidos... Sim. Ruth pedia perdão... Mas por algo que iria fazer. Em razão de tudo que passou, as ameaças e o que ouvira de seu pai quando esse fora em sua casa, Ruth começou a carregar um grande sentimento de culpa dentro de si. Culpava-se pelo que seu pai fazia, pela morte de sua mãe e pelas ameaças. Porém, o que a deixava mais preocupada era a última ameaça que ouvira de seu pai: *"Caso não volte para sua casa, esses a quem você ama poderão ter sérios problemas... Ou quem sabe até nem tenham problemas... Não acredito em problemas após a morte"...* Ruth sabia que ele era capaz de cometer atos insanos. E isso também contribuiu para que ela continuasse com seus pensamentos que, estando certa ou errada, eram pensamentos negativos.

Por fim, Ruth concluiu:

– Só desejo que todos fiquem bem. Sei que já posso descansar em paz... Meu filhos estarão em boas mãos – e foi em direção de seu quarto.

Depois daquele dia, Ruth não parecia ser a mesma pessoa. Ao mesmo tempo em que estava próxima de todos, todos a sentiam distante. E o motivo daquela distância, apenas duas pessoas sabiam... Ruth e o padre da igreja à qual ela e sua família frequentavam.

Dias depois de ter falado sobre seus "sonhos estranhos", Ruth ainda pensava em tudo o que havia passado, inclusive a última ameaça que recebera. E, em consequência disso, aquela doce e amorosa mãe plantou e regou em seu peito tantos sentimentos negativos dos quais não conseguia se livrar. Seu mental estava atormentado. Por mais que soubesse que aqueles pensamentos poderiam levá-la ao erro e que o destino de seu espírito poderia não ser nada bom, ainda assim não conseguia desistir daquelas incertas decisões.

Porém, a incerteza não ficaria por muito tempo dentro de si. Dias depois, Ruth estava decidida quanto ao que iria fazer.

A Última Confissão

Certa de querer o bem dos que moravam junto a si, Ruth foi novamente à igreja para se confessar.

Ao adentrar, foi em direção ao altar, ajoelhou-se, fez uma prece e, em seguida, foi ao confessionário onde o padre já a esperava.

– Peço a vossa bênção, padre.

– Abençoada seja em nome de Deus, filha... Posso sentir em suas palavras que você está melhor – disse o padre, esperançoso. Ele já sabia sobre o passado de Ruth. – Creio que pensou em nossa última conversa... Estou certo?

– Sim, padre. O senhor está certo... Pensei muito em nossa última conversa e cheguei à seguinte conclusão... Vim pedir sua bênção para que meu espírito possa ter paz após minha morte! – Ruth falava de uma forma que parecia estar convicta do que iria fazer. E o Padre sabia.

– Não deixe esses pensamentos a dominarem, filha! Não deseje sua morte! Isso não é coisa de Deus!

– E o que aquele imundo sem alma fazia? – Ruth falava de seu pai. – Eram coisas de Deus?! – perguntou de forma séria ao padre.

– Claro que não, filha! Mas do que adiantará ficar pensando em coisas que aconteceram e não há como voltar atrás? Além disso, lembre-se de que você têm três filhos!... Já parou para pensar o que será deles sem a presença da mãe? – O padre tentava mudar os pensamentos de Ruth.

– Eles ficarão bem, padre. José é um ótimo pai. Além do filho que tivemos, desde que nos conhecemos ele já prometia que cuidaria dos outros dois filhos que tive.

– Isso é muito louvável, filha. Mas, além de seus filhos, José também precisa de sua presença. – O padre ainda tentava mudar os pensamentos de Ruth.

Mas o padre sentia que falava em vão. Durante todo o tempo que ficou confessando-se, Ruth parecia estar decidida.

– Sou grata por suas palavras, padre. Mas neste momento não penso mais em mim... Só penso no bem de José, meus filhos e meus tios, que foram como pai e mãe para mim – disse Ruth. Em seguida, ajoelhou-se, fez o sinal da cruz e levantou-se para sair da igreja.

Naquele momento, o padre tentaria mais uma vez mudar os pensamentos de Ruth. Pois sabia que ela iria cometer uma loucura.

– Filha... Se não mudar sua decisão, terei de contar a seu companheiro sobre a insanidade que pensa em cometer.

Mas Ruth estava decidida...

Ao ouvir isso, Ruth olhou para o padre e, mesmo não podendo vê-lo nitidamente através do confessionário, afirmou: – Não!... O senhor não contará a José! Sei que está blefando!... Que honra teria se não guardasse as confissões dos fiéis? – disse Ruth, e saiu da igreja.

Dias depois, por mais que José e seus tios tentassem mudar seus pensamentos, Ruth ainda afirmava que sua morte estava próxima... De certa forma, ela não estava errada.

A Despedida

Em um determinado dia, Ruth estava apenas na presença de seus filhos. Com lágrimas em seus olhos, ela os olhava com grande ternura. Naquele momento, Ruth colocou em seu colo seu filho menor, chamou os dois mais velhos e, ainda chorando, disse a todos: – Nunca deixarei de amá-los! Por mais distante que eu possa estar, vocês sempre serão os grandes amores de minha vida!... Sejam grandes homens! Conquistem suas companheiras com amor! Nunca usem de força bruta para ter uma mulher!

As crianças não entenderam ao certo o que Ruth falava. Mas, para ela, aquelas palavras foram importantes. Era assim que sempre sonhou… Mas seu sonho só foi realizado quando conheceu José.

Naquele mesmo dia, enquanto ainda estava sozinha, decidida do que iria fazer, Ruth escreveu um pequeno bilhete e guardou consigo.

Noite. Todos já dormiam. Ainda decidida, Ruth levantou-se devagar para não despertar José, ajoelhou-se ao seu lado e ficou o observando por algum tempo. Naquele momento ela chorava, e o motivo era por saber que tinha um grande homem ao seu lado, pai e companheiro.

Algum tempo depois, ainda em lágrimas, Ruth disse a José: – Queira ter conhecido você ainda criança. Talvez minha vida teria sido diferente se sempre estivesse junto a mim – disse Ruth com um leve sorriso em sua face, beijou José que ainda dormia e foi ao local onde seus filhos dormiam. E, após observá-los por um tempo, disse: – Sejam grandes homens, meus filhos. – Em seguida, se despediu dos três, beijando-os. E, por fim, foi até o cômodo onde seus tios dormiam, olhou para eles e, em seu mental, agradeceu. – Obrigada! Nunca me esquecerei de vocês... Foram como pais para mim!

Naquele momento, Ruth já estava decidida. Então, agasalhou-se, e caminhou até um pequeno altar, fez uma prece pedindo por todos e deixou próximo a uma imagem o bilhete que havia escrito para José.

Pouco antes do amanhecer, Ruth saiu de sua casa. Seu olhar era distante, parecia estar sendo controlada por algo ou alguém... Sim. De fato, Ruth estava sendo controlada... Seu próprio mental o fazia, além de outras forças também. Em virtude de tudo o que passou, Ruth fez de toda aquela negatividade sua própria verdade, aceitou o fato de que nunca teria paz e sentia que, caso voltasse a morar com seu pai, passaria por todas as torturas que já havia passado. Além disso, o fato de saber que seu companheiro, filhos e tios corriam perigo, também atormentou seu mental durante muito tempo. E, com todos aqueles pensamentos e vibrações negativas, não foi difícil que chegasse a uma conclusão. Além disso, quando estamos do lado oposto do amor, quais influências podemos ter?... Da luz ou escuridão?

Decisão Concretizada

Assim que saiu de sua casa, Ruth subiu em uma carroça e começou a guiar... Seu destino?... A casa onde morava com seu pai.

Depois de algumas horas de viagem, Ruth chegou. Um pouco aflita, mas ainda decidida, desceu da carroça e, ao chegar próximo à porta, viu que seu pai estava na presença de alguns amigos.

Com feição de não estar acreditando no que via, o pai de Ruth rapidamente fora ao encontro de sua filha.

– Filha!!!... Minha filha!!!... Você voltou!!! – o pai de Ruth a abraçou, mas seu abraço não fora retribuído.

Naquele momento, o pai de Ruth foi até seus amigos e dispensou a todos com as seguintes palavras:

– Amigos. Preciso dar atenção à minha querida filha! Nossa conversa pode ficar para depois.

Já dentro daquela imensa casa, Ruth estava em silêncio. Com lágrimas em seus olhos, olhava tudo à sua volta. Naquele momento, Ruth pensava em sua mãe, sentia falta daquela que sempre esteve ao seu lado... Mas também lembrava o que sua mãe fizera... Escolheu a morte para que sua filha pudesse ficar viva.

Vendo como Ruth estava, seu pai aproximou-se e a abraçou.

– Sente falta de sua mãe, não é mesmo? – perguntou ele, como se estivesse compadecido.

Ruth nada respondeu. Também não retribuiu aquele abraço.

– Ela está bem, minha filha – disse ele, acariciando o rosto de Ruth. – Venha. Temos muito que conversar.

Naquele momento, o pai de Ruth a levou para seu quarto. Eles sentaram na cama.

– Não precisa chorar, minha filha... Acalme-se! Vou ajudá-la a esquecer tudo o que aconteceu!

Ruth ainda tinha seu olhar distante. Mantinha-se em silêncio. Mas, segundos depois, decidiu dizer algo...

– Nunca esquecerei, minha mãe!

– Sei disso, minha filha. Também não a esquecerei! – disse ele, novamente acariciando o rosto de Ruth.

Naquele momento, Ruth balançou a cabeça de forma negativa. Não conseguia acreditar que, depois de tudo o que seu pai fizera e o que estava tentando fazer, ainda assim disse que nunca esqueceria aquela que fora sua companheira.

Sim. Ruth sabia que aquelas palavras não eram sinceras. Mas o que seu pai sentia e a forma como agia e a acariciava, isso sim, Ruth sabia que era uma verdade.

Sim. Depois de tudo o que passou e por já ser uma mulher, Ruth sabia que naquele momento seu pai tinha os desejos da carne aflorando em seu corpo.

Certa do que iria acontecer e decidida do que iria fazer, Ruth levantou-se e disse:

– Estou suja. Preciso lavar meu corpo – disse ela, ainda com seu olhar distante.

– Ruth, minha filha! – disse seu pai, meio pasmo, e prosseguiu: – Está certa do que está dizendo? Não quero forçá-la a nada, minha filha. Mas também não posso negar meus desejos por você.

– Não sou mais uma criança que era forçada a fazer coisas contra a própria vontade! Sou uma mulher decidida!... Ninguém me força a mais nada!... Se vim até aqui, é porque já sabia o que iria acontecer... Vim decidida do que fazer!... Só não quero que seja aqui! Pelos menos respeite a alma de minha mãe e as lembranças que tenho dela... Espere-me no quarto de visitas – disse Ruth e foi banhar seu corpo.

O pai de Ruth parecia não acreditar no que ouvia. Não conseguia acreditar que sua filha fora ao seu encontro para que pudesse entregar-se a seus desejos carnais... Mas seu desejo falou mais forte. E, por isso, fez como Ruth dissera... Esperou-a no quarto de visitas, onde, do lado de fora, atrás e dos lados não havia nada, além de matas... Dificilmente alguém que estivesse fora da casa escutaria, caso algo acontecesse lá dentro... E Ruth sabia disso.

Assim que terminou de banhar seu corpo, Ruth foi até o quarto em que dormia, pegou um lindo vestido que seu pai havia lhe dado, passou um cinto que também havia ganhado dele, arrumou seus cabelos, foi até o quarto de seu pai, pegou algo que estava em uma gaveta, certificou-se para não falhar em seu plano e a escondeu atrás de seu corpo, entre o vestido e o cinto.

Naquele momento, seu pai ainda a esperava no quarto de visitas, quando Ruth apareceu, bela e formosa.

Pasmo e ainda dominado por seus desejos carnais, o pai de Ruth disse:

– Ruth!... Você está linda, minha filha!

– Não era assim que gostava de me ver vestida? – Ruth perguntou, com seu olhar fixo no olhos de seu pai.

– Filha!... – ele quase não conseguia falar. Seus desejos só aumentavam.

– Lembro-me até hoje de como me olhava quando eu usava algum vestido... Aliás... Eu era forçada a usar vestidos, não? – Ruth falava, andava em torno da cama, mas não desviava seu olhar de seu pai.

– Ruth. Desculpe-me, mas...

– Já sei o que vai dizer – Ruth o interrompeu. – Não conseguia conter seus desejos... Estou certa? – perguntou, com o olhar ainda fixo em seu pai.

– Sim! Ruth, eu...

– Acalme-se. Não precisa se desculpar por tudo o que fez!... Já disse... Eu era criança!... Era forçada!... Mas agora sou uma mulher decidida! E vim aqui justamente para matar sua vontade e seus desejos por mim! – Ruth afirmou com os olhos entreabertos. O ódio consumia sua alma a cada segundo.

O pai de Ruth estava pasmo, mas ainda estava tomado pelos desejos da carne.

Certo do que iria acontecer, o pai de Ruth tentou se levantar para tocá-la, mas foi impedido.

– Não se levante!... Você sempre tomou ação desde que eu era criança! Agora chegou minha vez de agir!

– Filha! – ele parecia não acreditar no que acontecia. – Você realmente veio decidida?!

Naquele momento, Ruth deu um leve sorriso e, ainda tomada pelo ódio, disse: – Sim... Como disse, vim decidida a matar sua vontade e seu desejo por mim. – Ruth levou uma de suas mãos para trás, pegou a arma que havia escondido e a direcionou para seu pai.

Com certo desespero e com os olhos arregalados, seu pai disse...

– O que é isso, Ruth?!! O que vai fazer com essa arma?!! – ele estava apavorado. Dava sinais de não conseguir nem se levantar da cama por tanto medo.

Naquele momento, Ruth novamente sorriu e disse:

– Acho que você não entendeu o que ouviu, não? – em seguida, mudou sua feição e, de forma séria, prosseguiu: – Você nunca mais terá desejos por mim, velho maldito!... Nem por mim nem por mulher alguma!... Você acabou com minha vida! Eu ainda era criança, e era obrigada a ficar calada!... Mas agora não! – Ruth falava e sentia seu corpo se aquecer como brasas. Sentia o gosto da vingança em sua alma. – Agora acabou!!!... Não tocará mais em mim!.... E também nunca mais ameaçará minha família!... Eles viverão em paz na terra!... E você, velho maldito e imundo!!!... Meu desejo é que você sofra eternamente no inferno!!!... A facada eu errei!... Mas agora não estou disposta a errar!!! – E disparou contra seu pai... Foram três disparos.

Palavras do Preto-Velho Pai Barnabé:

"Creio que o leitor já desconfiava que Ruth sofria abusos por parte de seu pai. Porém, para que possa ficar claro por que ela tomou aquela decisão, a própria Guardiã e seu pai permitiram que contássemos partes do que houve, desde que Ruth ainda era uma criança, até a morte de sua mãe".

Antes... Sofrimentos... A Mãe de Ruth Assume a culpa... Sem Ser a Culpada

Ruth ainda era criança quando começou a sofrer abusos por parte de seu pai. E, com o passar dos anos, isso não cessou. Pelo contrário... Parecia que não teria fim. E, para que ninguém soubesse, Ruth era ameaçada. Seu pai dizia que, caso alguém soubesse, ele a mataria e mataria também sua mãe. E, tempos depois, ameaçou ceifar a vidas dos filhos dela. Sim. Era isso que ele fazia. E como Ruth tinha medo daquelas ameaças, mantinha-se calada.

Em determinado dia, mais precisamente quando Ruth ainda estava com 12 anos, alguns de seus familiares estavam reunidos em sua casa.

Todos festejavam e aguardavam a chegada do pai de Ruth para que ele também pudesse compartilhar daquele momento. E naquela noite, assim que o pai chegou, um dos tios de Ruth notou que a feição dela mudara completamente. Ruth olhava para seu pai dando sinais de estar com medo, em seguida correu para próximo de sua mãe. E, assustada, ficou ao seu lado durante um bom tempo.

Percebendo que Ruth novamente agia de forma estranha, sua mãe perguntou:

– Algum problema, Ruth?

Ruth nada disse. Apenas ficava abraçada à sua mãe.

– Aconteceu alguma coisa, filha? Já não é a primeira vez que age desta forma – sim. A mãe de Ruth já havia notado tais mudanças em sua filha, mas não desconfiava por quê.

Ruth ainda se mantinha calada. E, percebendo como ela estava, o familiar que havia percebido aquela situação foi ao encontro da mãe de Ruth, sua irmã.

– Podemos conversar lá fora, minha irmã? – perguntou ele à mãe de Ruth.

– Claro!... Filha. Fique aqui. Eu já volto.

Mas Ruth não a soltou.

– Tudo bem. Ela pode vir junto – disse o tio de Ruth.

Já do lado de fora, o tio conseguiu fazer com que Ruth se distanciasse deles. Então, começou a conversar com sua irmã.

– Aconteceu alguma coisa? – perguntou a mãe de Ruth a seu irmão.

– Não quero levantar nenhum tipo de suspeita, minha irmã. Mas não pude deixar de observar algo... Assim que seu companheiro chegou, Ruth mudou completamente! Em seguida, foi ao seu encontro.

– Ruth sempre foi assim. Ela fica com vergonha quando está perto das pessoas.

– Pode até ser. Mas já vi casos como esse... Será que ele não a maltrata quando você não está próxima, ou.... Bem, minha irmã. Creio que sabe o que quero dizer, não?... Não quero que fique chateada comigo.

– Eu o amo, meu irmão. Jamais ficarei chateada com você. E agradeço sua preocupação para com sua sobrinha... Mas pode ficar tranquilo... Ele nunca encostou um dedo em Ruth e em mim! Ele nos trata muito bem... E também tenho certeza de que ele nunca tentou tais atos com nossa filha.

Naquele momento, aquele homem olhou para Ruth, que estava distante. Algumas crianças tentavam brincar com ela, mas Ruth parecia querer ficar só.

– Veja como ela age, minha irmã. Parece ter medo de tudo e todos... Nem se aproxima das outras crianças.

– Ruth é assim mesmo. Não se preocupe – disse a mãe de Ruth sorrindo. – Agora vamos voltar para onde estão nossos familiares e amigos.

Passavam-se os tempos e, mesmo sendo alertada, a mãe de Ruth não notava nada de estranho. Não conseguia enxergar o drama e abusos pelos quais sua filha passava.

Anos depois, mais precisamente quando Ruth estava com seus 18 anos, ela já não aguentava mais passar por tudo aquilo. E, em determinada noite, enquanto seu pai dormia, Ruth pegou uma faca e uma barra de ferro e, não querendo mais passar por tudo aquilo, chorando e trêmula, foi ao quarto de seu pai e, não medindo consequências, o golpeou na cabeça com a barra de ferro, em seguida cravou a faca em seu peito.

Não acreditando no que havia feito, Ruth entrou em choque. Ficou estática olhando para seu pai que parecia estar morto... Mas não estava. Com o golpe que sofreu na cabeça, perdeu seus sentidos. E a faca não chegou a perfurá-lo a ponto de tirar sua vida.

Ainda em choque e chorando, Ruth não soube precisar se ficou ali por minutos ou horas. Mas ainda estava estática quando sua mãe entrou no quarto e deparou com aquela cena.

– Ruth!!! O que aconteceu?!! – perguntou a mãe de forma desesperadora, indo ao encontro de seu companheiro.

– Desculpe-me, minha mãe!!! – Ruth pediu, chorando de forma descontrolada. Ela estava sentada ao chão.

A mãe de Ruth tentava despertar seu companheiro, mas não conseguia. E, vendo as mãos de Ruth sujas de sangue, imaginou o que havia acontecido, mas não conseguia acreditar.

– O que aconteceu aqui, Ruth?!! – perguntou ela puxando Ruth para que pudesse ficar em pé.

– Perdoe-me, minha mãe!!! – Ruth novamente pediu chorando e a abraçou. – Eu não aguentava mais!!

– Não aguentava o quê, Ruth?!! Do que você está falando?!!

– Eu não queria que a senhora fosse morta!... Não queria que meus filhos fossem mortos!!! Então, aproveitei que ele estava dormindo e fiz isso!!!

A mãe de Ruth parecia não acreditar no que sua filha havia feito.

– Ruth, você ficou louca?!! Atentou contra seu próprio pai e agora diz uma insanidade dessas!!!... O que está acontecendo, Ruth?!! – a mãe de Ruth demonstrava certa ira diante aquela situação.

– Ele disse que mataria a senhora e meus filhos se eu contasse!!! Fui obrigada a ficar calada durante todos esses anos!!! – Ruth, apesar de ter apenas 18 anos naquela época, transmitia grande ódio em suas palavras. Falava aos gritos, tanto que, alguns que moravam próximos puderam escutar.

– Ruth, você está ficando louca?!! Por que está dizendo isso?!! – sua mãe não conseguia entender por que Ruth dissera tais coisas.

Naquele momento, Ruth estava descontrolada. Dava sinais de que iria deixar a vida na carne em razão de um mal súbito. Então, como estava totalmente fora de si, aos gritos afirmou à sua mãe. – Eu não estou louca!!! – gritou. – Esse maldito abusou de mim durante toda a vida!!! Ele merece ir para o inferno!!! Por isso fiz isso!!! – Ruth continuava gritando.

Assim que ouviu tais palavras, a mãe de Ruth desferiu um tapa na face de sua filha.

– Nunca mais diga isso!!!... Ele é seu pai!!!... Você deveria dar graças a Deus por ainda ter um lar e por ele aceitá-la aqui!!! Se fosse outro, jamais iria aceitar uma filha solteira com dois filhos!!!... Pior do que isso!!!.. Nem sabemos quem é o pai dessas crianças!!!... Se é que é o mesmo pai!... Então, pense antes de dizer tais insanidades! – A mãe de Ruth parecia estar furiosa. Ao mesmo tempo em que não sabia o que fazer por achar que seu companheiro estava morto, não conseguia acreditar nas coisas que Ruth dizia.

Porém, mesmo sua mãe não acreditando, Ruth continuaria, e também afirmaria que ela estava enganada.

– Não, minha mãe! – Ruth ainda falava com certo ódio, porém de forma lenta. – O pai dos meus filhos não é um desconhecido!... E engana-se ao achar que são pais diferentes!... E, por mais que não acredite, vou dizer. – Ruth fez uma breve pausa, em seguida concluiu: – Esse imundo que sempre dizia ser meu pai!... Ele é o pai dos meus filhos!

Ao ouvir tal afirmação, a mãe de Ruth ficou estática e, sem que esperasse, algo veio em seu mental.... Naquele momento, ela se lembrou do dia em que seus familiares estavam em sua casa. Lembrou-se do em que seu irmão havia dito sobre a reação de Ruth ao ver seu pai. Lembrou-se, também, de outras situações em que Ruth ainda criança, agia de forma normal... Até que se pai seu aproximasse. Além disso, lembrou-se também de quando Ruth teve seu primeiro filho, e que seu companheiro, diferentemente de outros homens, não estava preocupado em saber quem era o pai de seu de "neto"... E assim também foi quando Ruth deu à luz o segundo filho... Aquelas lembranças foram o suficiente para que a mãe de Ruth não tivesse dúvidas.

– Minha filha não está mentindo! – afirmou a mãe de Ruth em seu mental.

Depois daquelas lembranças, a mãe de Ruth ficou estática por algum tempo. Porém, de volta à sua realidade e com lágrimas em seus olhos, abraçou sua filha..

– Perdoe-me, minha filha! Eu jamais poderia imaginar que isso acontecia!

– Eu nunca quis, minha mãe!... Eu juro à senhora!!!... Eu era forçada!!! – Ruth novamente dava sinais de estar entrando em desespero.

– Acalme-se, minha filha! Agora precisamos dar um jeito nessa situação... Meus Deus!... Seu pai está morto! – a mãe de Ruth parecia estar sem chão.

Mas aquela situação estava prestes a mudar. Pois, ainda abraçada a sua mãe, Ruth notou que seu pai dava sinais de estar vivo.

– Mãe!!! Ele está vivo!!! – afirmou Ruth com certo temor. – Não podemos ficar aqui!!! Ele vai nos matar!!!

Ao olhar para seu companheiro, a mãe de Ruth também notou que ele estava vivo... Seus sentidos estavam voltando.

Desesperada e querendo o bem de Ruth, sua mãe pediu...

– Pegue as crianças e vá para a casa de meu irmão! Invente alguma desculpa! Ficarei aqui! Darei um jeito para que ele não saiba que foi você!

– Por favor! Vamos embora daqui, minha mãe! – Ruth pediu chorando.

– Vá, Ruth! Antes que ele desperte e a veja aqui!... Se ele estava dormindo, não viu quem tentou ceifar sua vida!... Vá, minha filha!!! Não volte! Eu irei ao seu encontro! – ordenou mãe empurrando Ruth para fora do quarto.

Às pressas, Ruth foi até outro cômodo de sua casa, pegou seus filhos e fugiu para a casa do irmão de sua mãe, que morava próximo.

No dia seguinte, já ciente do que havia acontecido, pois Ruth havia contado, o tio decidiu que iria até a casa.

– Você fica aqui, Ruth! Vou até lá para ver como estão as coisas.

– Por favor, deixei-me ir junto! Estou preocupada com minha mãe!

– Não, Ruth! Se aquele louco a ver, pode querer fazer algo por ter atentado contra ele!... Melhor que fique aqui!

– Mas ele não sabe que fui eu! Ele estava dormindo!

– Mesmo assim. É melhor que fique aqui com sua tia e seus filhos... Aqui estará segura!... Aquele maldito abusador não colocará os pés nesta casa!

Não adiantava. Por mais que seu tio dissesse não, Ruth estava decidida ir. Queira saber como estava sua mãe.

– Está bem, Ruth. Mas não chegue perto daquele louco! Não sabemos o que aconteceu durante a noite de ontem... Se ele descobriu quem o atacou, não tenho dúvidas que chamará as autoridades!... Para ele, tanto faz vocês estarem perto ou longe!... Agora vamos... E mantenha distância da casa enquanto não soubermos o que aconteceu.

Ao chegarem à casa, Ruth e seu tio viram a seguinte cena: Na porta, algumas pessoas pareciam estar curiosas para saber o que havia acontecido. Alguns queriam entrar, mas foram impedidos por homens que guardavam a porta.

– Fiquei aqui, Ruth. Vou até lá para ver o que aconteceu.

– Acho que ele matou minha mãe! – disse Ruth em prantos. – Meus Deus!!!... Perdoe-me!!! – clamou.

– Acalme-se! Não sabemos o que aconteceu... Não saia daqui! Já volto! – ordenou o tio de Ruth e seguiu em direção à casa.

Assim que chegou próximo à porta, ele viu sua irmã, a mãe de Ruth, saindo da casa. E, ao lado dela, dois homens a conduziam.

Desesperado e sem saber o que havia acontecido, ele foi ao encontro de sua irmã e, ao aproximar-se, perguntou a um dos homens.

– O que estão fazendo?! Por que estão a levando?!

– Quem você pensa que é para se dirigir dessa forma a nós?! – indagou um dos homens.

– Peço desculpas, senhores!... Sou irmão dela! Acho que tenho direito de saber, não? – pediu o tio de forma mais calma.

Um dos homens olhou de forma séria para o tio de Ruth. Dava impressão de não ter gostado do que ouviu, mas resolveu dizer o que havia acontecido.

– Alguns vizinhos ouviram gritos durante a noite! A filha dela quem gritava! Preocupados, nos chamaram e, assim que chegamos, vimos essa senhora perto de seu companheiro, que tinha um corte profundo em sua cabeça e uma faca cravada em seu peito!... Ele foi socorrido. Creio que ficará bem.

– Mas por que estão levando minha irmã?!

– Estamos cumprido ordens!... Ela assumiu o crime!... Disse que usou uma barra de ferro para golpeá-lo na cabeça. Em seguida cravou uma faca em seu peito!... Ela será levada a julgamento!

– Crime?!! Julgamento?!! – perguntou o tio de Ruth sem nada entender, mas evitou falar mais.

A fim de proteger Ruth, sua mãe disse a seu irmão.

– Não se preocupe, meu irmão! Fiz o que deveria ser feito!... Não aguentava mais sofrer nas mãos dele!... Eu era agredida constantemente! – afirmou a mãe de Ruth. Mas mentia... Para proteger sua filha.

Sem entender e ciente de que o pai de Ruth nunca agrediu sua irmã e sabendo o que havia acontecido na noite anterior, o tio de Ruth ficou olhando para sua irmã de forma desconfiada.

Certa de que ele não estava entendendo e ainda pensando em proteger Ruth, sua irmã procurou adiantar-se.

– Posso dar um abraço em meu irmão? – pediu ela aos homens que a conduziam.

– Faça logo! – ordenou um deles. – Não temos tempo a perder!

Ela deu alguns passos em direção a seu irmão, olhou em seus olhos e, em lágrimas, o abraçou e, próximo a seu ouvido, disse em voz baixa. – Não se preocupe, meu irmão. Já estou velha! Hora ou outra sei que vou morrer!.. Já Ruth é uma linda jovem e tem filhos... Ela precisa ficar viva!... Diga a ela que não se preocupe comigo. Diga para não dizer a verdade a ninguém!... Por favor!... Prometa-me que dirá isso a ela!... Por favor!

– Por Deus! Que loucura é essa, minha irmã?! – perguntou o tio de Ruth um tanto pasmo.

– Apenas prometa-me! Por favor – a mãe de Ruth pedia ainda abraçada a ele.

– Já falou o que tinha a falar? – perguntou um dos homens.

– Prometa-me, meu irmão – pediu a mãe de Ruth olhando nos olhos de seu irmão.

– Tudo bem... Eu prometo! – disse ele, inconformado.

– Muito obrigada, meu irmão... Peça a ela que não volte para casa. Diga que vá para a casa de nossa irmã que mora no vilarejo! Quanto mais longe, melhor será para ela!... Ruth não pode ficar perto dele!... E perdoe-me por não tê-lo escutado antes, meu irmão.

– Vamos indo! – disse um dos homens puxando a mãe de Ruth.

Ao voltar para próximo de Ruth, seu tio contou tudo o que sua mãe dissera. E, inconformada, Ruth chorava de forma descontrolada abraçada a seu tio... Ela não conseguia acreditar que sua mãe pagaria por algo que não havia cometido... Pior do que isso... Ruth não imaginava que, pelo fato de sua mãe ter assumido tal ato, seu destino seria a morte.

Palavras do Preto-Velho Pai Barnabé:

"De forma resumida, foi isso o que aconteceu. Para proteger sua filha, a mãe de Ruth assumiu que atentou contra a vida de seu companheiro. Sim. Ela preferiu a morte, para que sua filha pudesse ficar viva".

De volta à noite do crime.

– O que é isso, Ruth?!!... O que vai fazer com essa arma?!! – ele estava apavorado. Dava sinais de não conseguir nem se levantar da cama por causa do medo.

Naquele momento, Ruth novamente sorriu e disse?

– Acho que você não entendeu o que ouviu, não? – Ruth mudou sua feição, e de forma séria concluiu: – Você nunca mais terá desejos por mim, velho maldito!!!... Nem por mim nem por mulher alguma!!!... Você acabou com minha vida! Eu ainda era criança, e era obrigada a ficar calada!... Mas agora não! – Ruth falava e sentia seu corpo se aquecer como brasas. Sentia o gosto da vingança em sua alma. – Agora acabou!!!... Não tocará mais em mim!... E também nunca mais ameaçará minha família!... Eles viverão em paz na terra!... E você, velho maldito e imundo!!!... Meu desejo é que você sofra eternamente no inferno!!!... A facada eu errei!... Mas agora não estou disposta a errar!!! – e disparou contra seu pai... Foram três disparos.

Ao ver que seu pai estava morto, Ruth ficou estática. O chão parecia não existir para ela. E, algum tempo depois, sem saber se haviam se passado minutos ou horas, Ruth voltou a si e começou a chorar... Mas já era tarde... Seu pai estava morto e, apesar de ter sentido certo alívio por saber que seus filhos e familiares ficariam bem, Ruth ainda estava em estado de choque. Seu corpo parecia estar tomado por energias ruins. E, como também foi decidida a fazer algo contra si mesma, naquele momento, Ruth ajoelhou-se, chorou, em seguida limpou suas lágrimas, ergueu sua cabeça e disse – Perdoe-me, Senhor! – Ruth fazia referência ao nosso Ser Supremo. – Eu já não aguentava mais tantos sofrimentos e torturas!... Sei que não mereço, mas nesse momento peço a ti... Olhe por minha família! Olhe por meus filhos! Faça com que sejam homens honrados, Senhor!... Quanto a mim, que faça com que eu pague por meus erros!

Naquele momento, ainda decidida, Ruth virou a arma contra seu peito e disparou contra si mesma.

Por mais que Ruth tenha pedido para que nosso Ser Supremo fizesse com que ela pagasse pelo que havia feito, tempos depois, ela mesma chegou a uma conclusão...

"Eu mesma fiz com que pagasse por tudo!... Fiz minhas escolhas e paguei por elas!"

"Durante o tempo em que Ruth seguia para casa de seu pai para concretizar seu plano, algo acontecia com José, seu companheiro, na casa em que ela morava."

José Descobre o Plano de Ruth... Mas Já Era Tarde

José despertou pouco depois que Ruth saiu e, como não a viu ao seu lado, levantou-se para procurá-la. Mas, como não a encontrou, foi ao cômodo onde dormiam os tios de Ruth.

– Acordem!

– O que aconteceu, José?! – perguntou, ainda sonolento, o tio de Ruth.

– Ruth sumiu!

Todos foram à procura da moça. Procuraram em casas vizinhas, nos arredores onde moravam, mas não a encontraram. E, como o dia ainda não havia amanhecido, a tia de Ruth voltou para ficar com as crianças, enquanto seu companheiro e José continuaram as buscas.

Horas depois, já pela manhã, José e o tio de Ruth voltaram para a casa. Precisavam pensar no que fazer.

Algum tempo depois, eles retornaram as buscas. Passaram praticamente o dia à procura de Ruth. E como não a encontraram, voltaram para casa.

Noite... Desesperado e sem saber o que fazer, José foi até o altar, ajoelhou-se e ficou em prece... E foi naquele momento que viu o bilhete que Ruth havia deixado. Nele, havia a seguinte mensagem: *"Sou grata a Deus por ter conhecido um homem fiel, honroso e que me fez saber o que é felicidade. José, obrigada por ser um grande pai e companheiro. Você sempre será o grande homem de minha vida. Sempre hei de amá-lo, assim como também sempre amarei nossos filhos. E é por amor a vocês que tomei essa decisão!... Não posso deixar que algo de ruim aconteça com vocês!... Desculpe-me, José... Mas não aguento mais! Não posso deixar que aquele louco continue a ameaçar os que amo... Cuide de nossos filhos. Peça para que sejam grandes homens... Diga que sempre os amei e que eles têm um excelente pai... Você, meu amor!... Mais uma vez peço desculpas, José... Amo todos vocês... Ruth".*

Em prantos, José leu aquela carta, até que refletiu e entendeu o que Ruth iria fazer. Então, rapidamente foi ao encontro da tia de Ruth...

– Onde Ruth morava?!! – José perguntou de forma desesperadora.

– É bem distante daqui, José!... Por quê?

– Precisamos ir até lá!... Ruth está lá!!!... Ela deixou este bilhete!!

Assim que leu o que estava escrito, a tia de Ruth ficou pasma.

– A senhora sabe onde é a casa?!! – José estava tenso.

– Não com tanta certeza, José. Mas creio que posso lembrar os caminhos.

– Então, vamos!!!... Rápido!!! – disse José à tia de Ruth. Em seguida, se dirigiu ao tio: – Preciso que fique aqui com as crianças!... Poderia fazer isso?!

– Claro, José!... Vão!... Ruth pode cometer uma loucura!

De carroça, José e a tia de Ruth seguiram. Foram horas até chegarem ao local e mais um tempo percorrendo pelas redondezas, até que José viu a carroça que Ruth havia pegado.

– A casa deve ser por aqui! – era José quem falava. – Veja! Ruth usou aquela carroça!

Naquele momento, a tia de Ruth olhou em sua volta, até que avistou a casa.

– Aquela é a casa, José! – disse a tia de Ruth.

Rapidamente, José foi em direção à casa.

– Ruth!!! Você está aí?!!! – José gritava batendo na porta, até que notou que estava aberta.

– José, não podemos entrar! – era a tia de Ruth quem falava. – Aquele homem tem influências! Podemos ser levados às autoridades por isso!

– Não me importo com isso!!! Ruth é minha esposa e está lá dentro!!! Se aquele maldito abusador a tocou, eu acabo com a vida dele!!! – José afirmou e adentrou na casa.

Sim. José estava fora de si. Naquele momento, por causa do sentimento que tinha, não seria difícil que cometesse um ato insano.

Porém, mesmo que José quisesse ceifar a vida do pai de Ruth, não conseguiria. Além, disso, José e a tia de Ruth não sabiam... Mas eles não foram os primeiros a chegar depois de Ruth ter concretizado seu plano. Outros chegaram antes deles... Ou melhor... Esses outros já estavam à espera, antes mesmo de Ruth ter ido àquela casa.

O Fim do Sofrimento de Ruth... Na Carne

José e a tia de Ruth entraram na casa e foram em direção aos quartos. Eles chamavam por Ruth, mas não tinham respostas. Até porque, mesmo que Ruth pudesse ouvir, talvez não conseguisse, pois onde ela estava era um canto quase que isolado da casa. Por isso, quando Ruth disparou contra seu pai ninguém ouviu... Tanto que ela e seu pai já estavam há quase 24 horas no mesmo local e, como muitas vezes o pai de Ruth não ficava em casa, os vizinhos não estranharam o silêncio que ali imperava.

Depois de muito procurarem pela casa, José viu um único caminho por onde não haviam percorrido. Então, não pensou duas vezes.

– Vamos! Ainda não fomos àquela parte!

Eles seguiram e, assim que adentraram no cômodo, José ajoelhou-se próximo da porta e ficou a chorar. E o motivo foi por ter visto Ruth caída em meio a uma poça de sangue.

Enquanto José chorava, a tia de Ruth estava em choque próximo à porta. Naquele momento, ela também não conseguia chegar perto de Ruth.

Ao lado deles, mais precisamente perto da cama, o pai de Ruth olhava aquela triste cena, mas nada podia fazer, pois estava rendido, havia correntes em seu pescoço. Além disso, ao seu lado, dois seres o seguravam para que ele não fugisse. E, além desses, havia mais dois... Um era o chefe de todos. O outro era um que havia sido capturado pouco tempo antes, seu nome era Inácio.

"Inácio, quando na carne, teve uma vida desordenada em consequência de suas escolhas. E, após seu desencarne, perambulou pelo

plano terrestre por um tempo, até se dar conta de que estava vivendo em espírito. E, quando seres de luz vieram para direcioná-lo, Inácio não aceitou. Escolheu seguir seus próprios caminhos até ganhar certa força como espírito negativo, e começou a influenciar os que estavam na carne... Entrava no mental desses para que de alguma forma pudesse alimentar-se. Mas isso não durou por muitos anos, pois Inácio fora pego por Seres que carregavam mais forças negativas em seus espíritos. E, em razão disso, fora feito escravo das trevas."

Algum tempo depois, José ainda chorava, quando, tomado pela ira, levantou-se e foi em direção à cama...

– Seu maldito!!!... Por que fez isso?!! – José gritava, olhando para o corpo do pai de Ruth, que estava deitado na cama com seu peito coberto por sangue, enquanto o pai de Ruth, em pé e ainda preso pelas correntes, observava toda aquela cena. – Ela tinha três filhos!!! Como teve coragem de fazer isso?!! – José gritava, e ao mesmo tempo agredia o corpo que estava na cama, enquanto o pai de Ruth ainda observava sem reação... O medo o tomava naquele momento. Quanto aos outros que ali estavam, apenas tinham leves sorrisos em suas faces, por verem o desespero de todos.

– Acalme-se, José! – era a tia de Ruth quem falava. – Vamos em busca de ajuda!

– Por que ele fez isso com minha amada?! – José perguntou. Então, ajoelhou-se, levantou o corpo de Ruth e a abraçou. – Não morra, Ruth! Por favor! – pediu em prantos.

– Vamos fazer alguma coisa ou esperamos? – era o que estava ao lado do chefe quem perguntava.

– Deixe esse miserável derramar suas lágrimas!... Como se fosse resolver algo!... Logo, ele vai aceitar a realidade e vai em busca de ajuda... Aí nós continuaremos! – afirmou o trevoso chefe. Suas vestes negras, rasgadas, e seu olhar davam medo em qualquer ser perdido.

Algum tempo depois de derramar muitas lágrimas abraçado a Ruth, José levantou-se rapidamente e correu em busca de ajuda. Ainda tinha esperanças de que alguém poderia fazer algo por Ruth... Mas já era tarde!

Assim que José e a tia de Ruth saíram em busca de ajuda, o trevoso chefe olhou para Inácio e ordenou:

– Vamos, maldito sofredor! Desperte-a agora!
– Senhor. Ela é apenas uma jovem!... Peço encarecidamente!... Vamos em busca de outros! – pediu Inácio, ainda preso pelas correntes.
– Como tem a ousadia de ir contra minhas ordens, miserável?! – o chefe o indagou, plasmou um chicote em sua mão e açoitou Inácio.
– Vamos!!!... Responda!!! – o chefe deu outra chicotada em Inácio. – Quando eu der uma ordem, é para ser seguida!!!... Você entendeu?!! – outra chicotada.
– Sim, senhor! – disse Inácio, tentando proteger seu espírito.
– Muito bem, perdido!... Agora faça o que ordenei ou voltará a ficar preso! E se eu tomar essa decisão, ordenarei para que sofra as piores torturas!

Sem muita escolha e não querendo mais ficar preso sofrendo torturas como havia ficado durante anos... Trinta anos (tempo do plano terrestre), para ser mais preciso; Inácio ajoelhou-se e ficou próximo a Ruth.

Naquele momento, Inácio tentava entrar no mental de Ruth, mas, por causa do tempo em que ficou sendo mantido como escravo e sendo forçado a ir em busca de mais escravos a mando do chefe, não aguentava mais aquela situação... Porém, nada podia fazer. E, mesmo que quisesse, não adiantaria, pois seria ele contra o chefe e mais diversos seguidores.

Arrependido de seus atos e do que estava sendo obrigado a fazer naquele momento, Inácio não conseguia despertar Ruth.

Percebendo isso e sem muito paciência, o chefe o chicoteou e ordenou:

– Vamos, maldito!!! Desperte logo essa miserável!!! Se tivermos de seguir o cortejo até um cemitério por causa de sua demora, vou acabar com o que resta em seu maldito espírito!!!

– Senhor! Eu lhe imploro!... Ela é jovem! Dá para sentir que seu espírito não carrega maldades! Só sofrimento, depois de tudo o que passou na carne! Além disso, não estou conseguindo! – disse Inácio com certa tristeza em suas palavras. Enquanto o pai de Ruth, ainda rendido, apenas observava.

– Não tente me ludibriar com essas palavras, miserável!!! Você entrava no mental de dezenas de pessoas para alimentar seu maldito espírito!!! Conseguiu levar muitos ao desequilíbrio!!!... Não venha me dizer agora que não consegue fazer isso com essa perdida aí!!!... Vamos!!!... Desperte-a agora!! Se eu tiver de pedir novamente, eu mesmo o farei!!!... Mas você sofrerá as consequências!!!

Não... Inácio não queria mais sofrer. Então, decidido, forçou seu metal, direcionou-o para o mental de Ruth e começou a tentar despertá-la.

Algum tempo depois, o espírito de Ruth dava sinais de estar despertando e, tão logo isso aconteceu e com algumas lembranças do que havia feito contra seu pai e a si mesma, conseguiu deixar seu corpo carnal, mas ainda estava deitada ao solo. E, naquele momento, ao olhar à sua frente, deparou-se com aquele jovem em espírito de aproximadamente trinta anos... Inácio. Ele estava ajoelhado.

– Quem é você? – Ruth perguntou, um tanto desorientada. Na posição em que ela estava, só conseguia ver Inácio. Seu pai e os outros estavam atrás.

– Meu nome é Inácio... Acalme-se!... Lembra-se do que aconteceu aqui? – Inácio falava de forma calma com Ruth.

– Não estou muita certa... Sinto algo estranho em meu peito. Acho que preciso de ajuda... O que aconteceu?

Inácio iria explicar a Ruth que ela estava sentindo a dor da carne por ter disparado em seu próprio peito... Mas o chefe não tinha muita paciência.

– Bem. Essa dor que sente, é...

– Ahh!! Deixe de conversa mole, seu estúpido!!! – disse o chefe, cortando Inácio. Em seguida, aproximou-se, ficou diante de Ruth e prosseguiu. – Preste atenção, sua perdida!!!... Você está morta!!! Aquilo ali na cama é o corpo de seu pai! Mas está morto! Esse aqui atrás também é seu pai, mas é outro perdido igual a você!... Esse espírito miserável é o mesmo que abusava de você quando estava viva!... Como sei disso?!... Simples!... Fiquei por essas bandas por muitos anos! Vi tudo o que ele fazia! Algumas vezes, eu e meus seguidores até incentivávamos esse maldito abusador!!!... Por quê?!... Para sentir prazer em nossos espíritos!... Como tínhamos êxito?... Também foi simples!... Esse miserável já era fraco! Sempre carregou vibrações negativas! Então, só nos aproveitamos disso! E depois que sua mãe morreu, os pensamentos negativos dele para com você só aumentaram! E quando ele ordenou que você voltasse para esta casa, sabíamos o que iria acontecer!... Mas você, linda jovem! – o chefe deu uma leve gargalhada e prosseguiu – Você mudou o que havíamos pensado!... Matou seu pai, se matou e agora será minha escrava!... Pronto! Respondi a todas as suas possíveis perguntas! – afirmou o chefe, plasmou correntes em suas mãos e as entregou a Inácio. – Vamos! Acorrente essa miserável!... Vamos levá-la!

Naquele momento, Ruth parecia estar em choque. Depois daquela breve e verdadeira narrativa do chefe, não tinha dúvidas de estar vivendo em espírito... Toda a vida que teve na carne passou como filme diante de seus olhos espirituais. Mas, mesmo assim, Ruth ainda tinha esperanças de estar viva na carne.

Sem muita escolha e com lágrimas em seus olhos, Inácio olhou para Ruth e disse:

– Perdoe-me, jovem moça!... Não tenho escolha – e passou a corrente por entre o pescoço de Ruth.

– O que vão fazer?!! – perguntou Ruth em desespero. – Não faça isso, por favor!!!... Tenho filhos!!!

– Como vai cuidar de seus filhos, sua estúpida?!! – era o chefe quem indagava Ruth. – Eles estão vivos na carne!!... Você é apenas mais uma perdida achando que ainda está viva, imbecil!!!... Levante logo essa miserável!!! – ordenou o chefe.

Inácio puxou as correntes. Já em pé, Ruth ficou diante de seu pai, que estava cabisbaixo, não tinha coragem de olhar nos olhos de sua filha.

– Rápido!!! – era José quem falava, com alguns que foram para tentar fazer algo para salvar os que ali estavam mortos.

– Vamos embora!... A carne fica por conta deles! – disse o chefe, e novamente gargalhou.

Estava feito. A decisão e os atos insanos que o pai de Ruth cometera fariam com que os dois pagassem após suas mortes.

Escravos das Trevas

Entre correntes, Ruth e seu pai foram levados para fora da casa. E, em consequência da fraqueza que ambos sentiam em seus espíritos, perderam seus sentidos e caíram... Mas mesmo assim foram arrastados.

Enquanto era arrastada por Inácio, algumas vezes Ruth recobrava seus sentidos e via que ainda estava no plano terrestre. Até que, em um determinado momento, viu que eles pararam próximo a um terreno baldio.

"Naquele lugar, antes de ser um terreno baldio, aconteciam diversas coisas que não necessário contar aqui. Mas, para que o leitor possa ter ideia, tudo o que ali acontecia favorecia forças negativas. Sim, enquanto muitos dos que estavam na carne faziam o que lhes davam prazer, espíritos negativos se aproveitavam e alimentavam-se das essências que ali fluíam. E, com o passar do tempo, muitos morreram naquele local, alguns ficaram perdidos, outros que já carregavam grandes negatividades fizeram dali uma passagem para umas das crostas trevosas."

Assim que adentraram aquele terreno, Ruth, um pouco consciente, olhou para os lados e pôde ver restos mortais de humanos, ofertas com vibrações negativas, seres trevosos alimentando seus espíritos... Enfim... Ruth já sentia que seu destino não seria nada bom. Quanto a seu pai, ainda era arrastado inconsciente.

Em prantos e ainda sendo arrastada, Ruth olhou para o céu e pediu:

– Perdoe-me, Senhor!... Ajude-me!

Ao ouvir o que Ruth disse, Inácio rapidamente abaixou-se próximo a ela:

– Moça, fique em silêncio! Não faça prece a Deus! O chefe castiga quem se dirige a Ele por achar que não somos dignos de perdão.

– O que esse monstro vai fazer comigo?! – Ruth perguntou, chorando.

– Não sei! Mas é melhor...

– Por que está parado, seu imbecil? – era o trevoso chefe quem indagava Inácio. – Por acaso mandei parar de puxar essa maldita sofredora?!!

– Só estava me assegurando que ela não escapasse, senhor! Vi que ela estava despertando e achei melhor me certificar de que as correntes estavam bem presas! – disse Inácio e, em seguida, se dirigiu a Ruth. – Escute o que lhe digo! Quanto menos falar, menos sofrerá! – alertou-a em voz baixa e voltou a puxá-la.

Algum tempo depois, em uma determinada parte, havia o que parecia ser uma cova, mas estava aberta. Nela, fora feito um trabalho para levantar a força de quem ali fora enterrado. Então, o chefe se aproveitou daquela energia e criou sua passagem para um mundo inferior.

Logo que adentraram, Ruth pôde ver que desciam por uma passagem pouco iluminada. Mais abaixo, viu seres estranhos, alguns a olhavam e gargalhavam, outros infelizmente a olhavam como uma possível escrava de desejos carnais... Pensavam em usá-la para influenciar os que estavam na carne... Sobretudo os que eram mais propensos a receber vibrações negativas.

Depois de ser arrastada por diversos labirintos que pareciam não ter fim, o chefe ordenou a Inácio:

– Prenda esses dois miseráveis sofredores!

Inácio prendeu Ruth e seu pai em um local onde outros ficavam presos e passou correntes em seus corpos.

– Muito bem! – era o trevoso chefe quem falava. – Agora vamos em busca de mais escravos! – e ordenou que um dos seus vigiasse Ruth e seu pai.

Sozinhos e sem noção do tempo, Ruth e seu pai ficaram presos no mesmo local. E, temeroso com o que iria lhe acontecer, demostrando certo arrependimento em sua expressão e certo de estar vivendo em espírito, o pai disse:

– Filha. Peço perdão por tudo o que fiz a você! – pediu ele com algumas lágrimas em seus olhos.

– Não me chame de filha! Você não é meu pai! Nunca o aceitei como tal!... Eu o odeio desde que comecei a entender o que era a vida! Por seus malditos desejos, vim parar no inferno!!!... Se eu pudesse e soubesse como, acabaria com seu maldito espírito! – Ruth falava de forma séria. Realmente demonstrando certo ódio em suas palavras. Em seguida, em seu mental se dirigiu a Deus: – Senhor!... Eu lhe suplico!... Se ainda escuta minhas preces, faça com que isso seja um sonho!... Tire-me daqui, Senhor! – e assim pediu sem saber por quanto tempo.

O tempo passava. Sem saber se estavam presos por horas ou dias, Ruth e seu pai adormeceram por muitas vezes. E quando despertavam, viam que estavam no mesmo local. Porém, a cada vez que despertava, Ruth percebia que outros espíritos iam sendo deixados presos no mesmo local. Quem os trazia era Inácio, ainda sendo ordenado pelo chefe daquela parte das trevas.

Tempos depois, o chefe achou que já tinha uma boa quantia de espíritos para serem seus escravos. E diante de tal situação, certo dia ordenou que todos fossem soltos e levados à sua presença. Inclusive Ruth e seu pai.

O chefe estava em um local que parecia uma taberna. A energia que ali pairava era densa. Ele parecia gostar do que ali vibrava. Ao seu lado estavam alguns de seus seguidores. Eles também pareciam gostar. E, ainda contra sua vontade, Inácio estava entre eles.

Quando todos os escravos já estavam à sua frente, o chefe começou a dizer o motivo de estarem ali:

– Prestem atenção, seus miseráveis! – era o chefe quem falava com Ruth e com os demais. – A partir de hoje, todos vocês terão de seguir as ordens destes que estão ao meu lado! – apontou para seus seguidores e Inácio. – Cada um de vocês terá uma função! E quando forem executá-la, um de meus seguidores estará ao lado para garantir que façam de forma correta e, também, para que não fujam!... Eles já sabem como devem agir caso vocês não sigam as ordens! – Em seguida, o chefe se aproximou de um de seus escravos e disse: – Você irá com ele! – e apontou para um dos seus seguidores. – Hoje teremos um oferta! Você será o responsável por recebê-la!

A ideia do chefe era a seguinte: direcionar cada um para uma missão negativa. Quando uma pessoa fosse ofertar algo de forma errada, um deles teria de receber e executar o que foi pedido fora da Lei... Por que o chefe direcionava outros para esses tipos de trabalhos?... Simples... Quem recebe de forma negativa fica marcado. E, hora ou outra, terá de prestar contas com a Lei. E o chefe sabia disso. Por isso enviava os que fazia de escravos. Porém, esses mesmos Seres já tinham certas tendências para esse tipo de trabalho. Pois o chefe pegava justamente os mais propensos a seguir fora da Lei.

E assim o chefe direcionou a cada um dos que ali estavam, até que chegou a vez do pai de Ruth.

– Você, maldito abusador!!! Vai com ele!!! – apontou para um de seus seguidores. – Ele conhece uma pessoa que é muito fácil de ser manipulada! Você terá de entrar na mente dela e influenciá-la a procurar outras pessoas que têm a mesma fraqueza como a dela! Quando isso for feito, iremos manipular todos para que se relacionem de forma errada! E nós estaremos próximo! Presenciando tudo! – afirmou o chefe, que deu uma gargalhada e, em seguida, disse: – E caso não siga as ordens... – o chefe plasmou um chicote em sua mão e açoitou o pai de Ruth. – Ordenarei que fique preso de uma forma que possa receber outras dessas chicotadas em todo o seu maldito espírito!!!... Entendeu, miserável?!!

O pai de Ruth não teve escolha. Já sentia que seria eternamente castigado pelo que havia feito em vida na carne... Ele seguiu conforme o chefe ordenou.

E, por fim, o chefe se dirigiu a Ruth...

– Você fará a mesma coisa que ele!

– Não posso fazer isso! – afirmou Ruth um tanto amedrontada. – Não posso influenciar pessoas para que cometam esses atos! Isso não é certo!

– Não é você quem dita às regras aqui, sua perdida!!!... Fará o que estou mandando ou sofrerá as consequências!!!... E olhe que eu nem preciso tocar nem chicoteá-la para que sofra!

– Mas não sei fazer isso! – Ruth disse com lágrimas em seus olhos, e pediu: – Por favor! Não me obrigue a fazer! Sofri muito desde que era criança fazendo coisas contra minha vontade! O senhor não tem ideia do que sinto em meu espírito só de lembrar o que acontecia! – e na tentativa de mudar os pensamentos do chefe, Ruth contou tudo o que passou nas mãos de seu pai.

Enquanto Ruth narrava sua triste história, o chefe apenas ouvia, dava a entender estar compadecido. E, percebendo isso, Ruth ajoelhou-se diante a ele e pediu:

– Por favor!... Eu lhe suplico!... Não me obrigue a fazer isso!

Já ciente do que afetava Ruth, o chefe ordenou que ela se levantasse e ficou olhando por algum tempo em seus olhos. Em seguida disse:

– Sua história é muito triste mesmo, moça... Mas ainda assim não foi o suficiente para deixar-me compadecido – e deu uma gargalhada. – E agora que eu já sei o que mais toca seu espírito, trazendo tristeza, angústia, lembranças ruins a ponto de que o ódio ascenda em você, lhe darei algumas escolhas... Você não é obrigada a ir, mas, se não for, ordenarei que meus seguidores esgotem seu espírito, fazendo com que se lembre de tudo o que aconteceu!... E olhe que muitos deles sabem fazer isso muito bem!... Ou então, prenderei você junto àquele maldito do seu pai! Ficará ao lado dele lembrando-se de tudo o que aconteceu!... A escolha é sua, moça!

Sim. O chefe percebeu que, quando Ruth se lembrava do que havia acontecido, seu espírito sofria. Mas, o que mais a fazia sofrer, a ponto de fazer com que o ódio aflorasse em si, era ficar próximo de seu pai.

Isso mesmo. O chefe soube manipular Ruth. Já ela não via saída, a não ser seguir as ordens. E, sem escolha, Ruth perguntou ao chefe:

– Qual de seus seguidores devo acompanhar, senhor?

Sim. Ruth preferiu tais ações a ter de ficar ao lado de seu pai... Faria qualquer coisa para não se lembrar de seu passado.

Trabalhos Negativos

Acompanhados por um dos seguidores do chefe, cada um dos que ali estavam seguiram para os locais onde deveriam receber o que seria ofertado ou induzir a coisas erradas pessoas que já tinham tendência para tais atos.

Com o passar dos tempos, os que eram escravos foram gostando do que faziam, e em razão disso iam tornando-se fortes seguidores das trevas... Com exceção de Ruth, que, mesmo sabendo que estava agindo de forma errada, seguia as ordens para evitar sofrer, sentindo seu espírito ser esgotado por seres das trevas, sendo forçada a se lembrar de seu passado e o que mais trazia sentimentos ruins a seu espírito... Ficar próximo de seu pai.

Passava-se o tempo. Ruth ainda agia no plano terrestre sempre acompanhada de um dos seguidores do chefe, quando em determinada noite avistaram um homem a caminhar sozinho pelas ruas.

– Está vendo aquele homem? – era o seguidor do chefe quem perguntava a Ruth. – Ele está à procura de uma mulher!

– E como sabe disso? – Ruth perguntou. – Não é o que parece – disse, a fim de não ser obrigada a fazer nada contra ele.

– Não seja estúpida! Não consegue sentir o que ele vibra?!... Olhe a cara dele! Está nítido que está à procura de alguma mulher para que possa satisfazer seus desejos!... Vamos! Vá até ele e o influencie!

– Mas já falhei muitas vezes ao tentar fazer isso! Não será agora que vou conseguir!

– Bem, a escolha é sua!... Sabe muito bem que o chefe deu um prazo para que você pudesse aprender! Se der o prazo e ainda não tiver aprendido, sofrerá pela eternidade lembrando-se de seu passado! – disse o seguidor do chefe, a fim de amedrontar Ruth.

Não vendo saída, Ruth perguntou, mesmo não querendo cometer tal ato.

– E o que devo fazer?

– O de sempre, sua perdida! Aproxime-se dele e tente lembrá-lo dos prazeres que tinha na carne! É possível que ele sinta. Se isso acontecer, você entra no mental dele é começa a influenciá-lo...

– Você virá junto?

– Não! Se formos juntos, é possível que ele sinta minha energia! Como você ainda não carrega forças iguais à minha, ele não sentirá nada de ruim... Em outras palavras... Além de ser uma escrava pedida, é fraca!... Não carrega força alguma em seu espírito!... Agora, chega de conversa fiada e vá logo fazer o que ordenei!... E veja se dessa vez não erra!

Ruth estava sendo obrigada influenciar aquele homem?... Sim!... Mas ela tinha o direito de ir ou não. Porém, com medo das consequências que poderia ter, escolheu seguir de forma errada.

Palavras do Preto-velho Pai Barnabé: "Um espírito que vibra de forma negativa e tem conhecimentos trabalha exatamente no ponto fraco de um ser. Se um ser tem pensamentos negativos (por sua escolha), que o levem constantemente a procurar coisas para satisfazer seus desejos, é muito provável que um espírito negativo vá trabalhar naquela fraqueza... De forma resumida... Algumas vezes, por causa de nossas escolhas e pensamentos, damos vazão aos que não seguem a luz".

Sem muita escolha, Ruth aproximou-se daquele homem que estava parado naquele momento. E, seguindo o que fora ordenada, parou ao seu lado e começou a buscar em seu mental coisas que aconteceram em seu passado.

Naquele momento, em vez de ter pensamentos que pudessem levar aquele homem a cometer algo de forma forçada contra alguém, Ruth lembrou de seus filhos, José e do amor que sentia por eles. Fez isso para que de alguma forma pudesse mudar os pensamentos daquele ser encarnado. Além disso, em seu mental, Ruth fazia preces para que ele desistisse do que pensava e fosse embora.

"Quando permitiu que sua história fosse levada ao conhecimento dos que vivem na carne, a Guardiã não soube dizer se aquele homem ouviu suas preces ou sentiu a boa vibração de seu espírito por causa

dos pensamentos bons que teve... Mas afirmou que, minutos depois, ele fora embora, com feição de ter desistido do que buscava."

Assim que aquele homem foi embora, o seguidor do chefe aproximou-se de Ruth.

– Por que ele foi embora?

– Não sei! Fiz o que você mandou! Tive pensamentos libidinosos e tentei transmitir a ele!... Eu não tenho culpa se ele não sentiu – Ruth mentiu a fim de não sofrer as consequências.

– Tenho uma leve impressão de que você não se esforçou – disse meio desconfiado o seguidor do chefe.

– Sim! Me esforcei!... Ou por acaso acha que quero passar toda a minha eternidade ao lado daquele monstro maldito? – Ruth falava de seu pai. – Sei muito bem que serei obrigada a ficar ao lado dele, caso não siga as ordens! Se quiser que eu tente novamente, vou atrás daquele homem e faço tudo o que já fiz!... Mas será uma perda de tempo! Existem outros que são mais vulneráveis!... Vamos em busca desses – Ruth tentava livrar-se daquela situação.

Depois de pensar por alguns segundos, de forma irônica, o aliado do chefe disse:

– Até que você não é tão idiota como pensei... Vamos em busca de outros!

Naquele momento, algumas lágrimas escorreram dos olhos de Ruth. E, sentindo que de alguma forma fez o bem, olhou para o céu e agradeceu em seu mental – Obrigada, Senhor! – em seguida, pediu: – Se o Senhor escuta as preces de quem vive nas trevas, peço perdão pelo que cometi em vida!... Ajude-me!... Sei que posso escolher em não seguir a ordens deles... Mas também não quero sofrer, sendo forçada a me lembrar do que passei.

– O que está fazendo, sua imbecil? – perguntou o seguidor do chefe.

– Estou apenas chorando... Acho que tenho esse direito, não?

– Acha que sou idiota, sua perdida?!! Você estava tentando buscar quem habita acima de todos?... Pode tentar! Neste mundo, suas preces serão inúteis! – e gargalhou.

Ruth agiu assim durante anos. Sempre acompanhada/vigiada por um dos seguidores do chefe, sentia-se sem saída e seguia as ordens. Porém, quando conseguia se aproximar sozinha de algum encarnado, em vez de emanar vibrações negativas, Ruth orava e pedia que de alguma forma aquele ser ao seu lado escutasse suas preces, para que assim talvez pudesse desistir das negatividades que buscava.

"Diferentemente de Ruth, Inácio já não sabia ao certo quantos seres fez de escravo. Durante anos fora obrigado a seguir as ordens do chefe, fazia escravos, vibrava de forma negativa contra outros. E em decorrência desses atos e por sentir não haver outros caminhos, aliou-se à trevas. E quando recebia uma ordem, já não se preocupava se suas ações fariam mal a outros... Sim... Inácio já fazia apenas por prazer. Era mais um seguidor do chefe."

Porém, Inácio não sabia. Mas seus dias nas trevas estavam contados.

Último Trabalho Fora da Lei. Inácio é Pego por Guardiões Executores

Passaram-se anos. Já estávamos no século XX. Novos templos religiosos foram erguidos para que guias de luz pudessem se manifestar em terra em prol da caridade. Naquela época, Ruth e Inácio ainda continuavam como escravos das trevas. Porém, com a diferença de que Ruth ainda fazia aquilo por ser obrigada, para não ficar próximo de seu pai e não ser forçada a se lembrar de seu passado. Já Inácio... Fazia por prazer ou para sentir seu espírito saciado.

Em um determinado dia, o chefe e um de seus seguidores levaram Inácio até um local no plano terrestre. Por ser um lugar de difícil acesso aos que estavam na carne, ainda assim, alguns davam um jeito de adentrar, para que pudessem fazer suas ofertas negativas.

Assim que chegaram, o chefe disse a Inácio:

– Aqui é o local!

Ao olhar, Inácio viu alguns restos de oferendas. Porém, ainda podia sentir a energia que ali pairava.

– E o que preciso fazer? – perguntou Inácio ao chefe.

– Terá de esperar uma pessoa chegar aqui! É uma mulher... Não sabemos o dia, mas temos certeza de que ela virá! Mas, antes, você terá de ir algumas vezes à casa dela para influenciá-la!... Ela quer fechar os caminhos de uma jovem!... Sua obrigação será a de conseguir entrar na mente dela para que não desista! Assim que conseguir, ela virá aqui para ofertar. Você terá de aceitar o pagamento, tomar conta do que for ofertado e demandar contra a jovem!... Ele virá aqui algumas vezes para saber se já foi feito. – O chefe falava de um dos seus seguidores. – Mas, antes, ele também dará uma forcinha para que a pessoa venha logo – disse o chefe e gargalhou. – Aquela miserável está sempre envolvida em coisas negativas! – falava da mulher que iria fazer a oferta. – Não será difícil manipular a mente dela. Uma vez vibrando de forma negativa, está dando vazão para que nos aproximemos... Não é verdade? – e novamente gargalhou. – Assim que ela vir aqui, ele irá ao meu encontro para eu possa vir e fazer minha parte!... Ele também vai lhe mostrar o caminho até a casa dela!.

– E o que ganharei em troca? – perguntou Inácio.

– Eu já não o alimento, seu estúpido!

– Sim!... Mas não vou ficar demandado contra alguém sem saber o que ganharei em troca!... Ainda mais sem saber se quem irá receber a demanda merece!... Não vou correr o risco de ser pego por um executor da Lei sem antes saber!... Ou me diz o que vou ganhar em troca ou não farei!... – disse Inácio de forma séria.

O chefe olhou por algum tempo para Inácio. Sua vontade era de fazer algo contra ele... Mas evitou... Pois sabia que Inácio fazia muito bem aquele tipo de trabalho negativo.

Sem alternativa e por saber que Inácio teria êxito, o chefe disse:

– Dividiremos o que for ofertado... Está bom assim para você?!

– Estou de acordo! – concordou Inácio.

O chefe balançou a cabeça de forma de negativa e se dirigiu ao seu seguidor:

– Vamos embora! – em seguida resmungou: – Maldito! Se não fosse por fazer um bom trabalho, já tinha acabado com ele!

Durante alguns dias, Inácio ficou naquele lugar. Em meio a restos mortais de animais, vestes, dentre outras coisas, esperou, até que em um determinado dia o seguidor do chefe foi ao seu encontro.

– Será hoje! Ela vai trazer a oferta, além de algumas vestes da jovem!

– E você sabe quem é a jovem? – perguntou Inácio. Naquele momento, por ter pensado em tudo o que havia feito, sentia que novamente estava agindo de forma errada. Além disso, de alguma forma, também sentiu que a jovem que receberia sua vibração não merecia.

Mas já era tarde. Além de sentir não ter esperança de outros caminhos, Inácio sabia que, caso não fizesse, o chefe poderia cobrar.

– Pelo que pude ouvir da mulher que vai ofertar, aquela jovem não merece isso... Ela não tem culpa se sua beleza atrai os homens! – disse Inácio.

– Qual a diferença em saber quem é a jovem, imbecil? O que importa se ela merece ou não?!!... Seremos pagos! – disse o seguidor do chefe.

– A diferença é que, caso ela não mereça, quem terá de pagar serei eu! – afirmou Inácio. Sim. Ele sabia que, caso a Lei interviesse, teria sérios problemas.

– Está arrependido, idiota?! – perguntou o seguidor do chefe e gargalhou. – Se está, não faça!... Mas pode ter certeza!... O chefe vai cobrar!... Eu é que não quero estar próximo quando isso acontecer... Aquele maldito vai acabar com seu espírito!... A escolha é sua! – e lançou-se para longe dali.

Sem muita escolha, Inácio esperou, até que, naquela noite, a mulher que iria fazer a oferta apareceu.

Ali, ela fez um ritual de magia negra com uma espécie de boneco feito com algumas vestes da jovem, cravou uma estaca presa nas costas e enterrou.

"A jovem que seria vítima da demanda chamava-se Lúcia."

Inácio ficou ali por alguns dias tomando conta e vibrando de forma negativa contra Lúcia. Mas foi o suficiente para que ela pudesse ser afetada. Pois, infelizmente, como já estava há um bom tempo sem cuidar de sua parte espiritual e por diversas vezes afrontar a mulher que lhe jurou vingança, Lúcia deu vazão ao que seria feito... Não foi difícil para Inácio ter êxito no que iria fazer.

Durante os dias em que Inácio ali ficou irradiando contra Lúcia, ela fora atingida, chegando a um ponto de não conseguir sair de seu leito, em virtude do esgotamento em seu espírito... Lúcia chegou até a procurar ajuda em um templo religioso. Mas, por causa da pequena fé que tinha naquela época, sua vida não mudava. E aquela força negativa cada vez mais a tomava.

Porém, o que Inácio não sabia é que Lúcia não merecia passar por aquela situação por muito mais tempo. E, em razão dos sonhos que ela tivera, sua fé aumentou, fazendo com que fosse em busca de ajuda espiritual.

A Lei do Retorno... Contra Inácio

Dias depois de estar sofrendo sob irradiação de Inácio, Lúcia teve alguns sonhos... Nada muito detalhado. Ela apenas via garrafas de marafos... Mas foi o suficiente para entender o que deveria fazer.

Certa de querer ajuda espiritual, Lúcia comprou algumas garrafas de marafo e foi ao templo que frequentara algumas vezes. Chegando lá, decidiu esperar todos serem atendidos, para que pudesse conversar de forma tranquila com o curandeiro que, ali, junto aos Guias, fazia a caridade.

O curandeiro estava sentado em um banco de madeira. Ao seu lado, além de estar o espírito de um Exu de Lei para protegê-lo, havia também o espírito de um velho sábio que vivera como escravo em sua última vida na carne... Seu nome... Pai Guiné. E, além deles, havia mais três seres em espírito... O Exu chefe daquele templo, que estava envolto por uma túnica preta com símbolos vermelhos; um Exu que estava envolto por uma longa capa preta e vermelha, na qual dentro havia duas espadas; e o espírito de um homem que, quando na carne, chamava-se Heitor.

"Heitor foi juiz e teve uma vida de total desequilíbrio. Em consequência disso, após seu desencarne, fora pego por trevosos e obrigado a pagar por tudo o que havia feito de errado. Porém, não fora apenas um que fez com que Heitor pagasse... Os espíritos dos réus condenados injustamente e mortos aguardaram sua morte para que pudessem vingar-se. Mas, anos depois de estar pagando por seus atos carnais e sofrendo nas trevas, Heitor fora resgatado, e estava naquele templo em busca de evolução espiritual... E a teve... Mas somente tempos

depois, quando fora regido pelo Senhor do Fogo e apresentado a um Exu Maior. E hoje, Heitor apresenta-se como Exu do Fogo... Um detalhe importante sobre a história de desse Guardião... Ele fora escolhido pela força que o regera."

Como Lúcia já havia ido algumas vezes àquele templo em busca de ajuda, o Exu chefe já sabia o que estava acontecendo. Então, como Heitor estava querendo mudar sua forma de agir em espírito buscando a luz para ser mais um Exu de Lei, o chefe o orientou.

– Vá até o final da fila! Veja se encontra algo de errado em algumas dessas pessoas.

Heitor seguiu a orientação. Enquanto caminhava, observava os que estavam na fila, pedia ajuda em seu mental, ainda tinha medo de voltar para o lugar onde ficou preso por anos.

Algum tempo depois, Heitor notou algo estranho em uma das pessoas que estavam na fila... Era Lúcia. O que ele via nada mais era do que a vibração de Inácio tomando o espírito daquela jovem.

Como já imaginava do que se tratava, Heitor foi falar com o Exu chefe daquele templo:

– Senhor, pode vir comigo? Tem algo de estranho em uma jovem na fila!

Eles se aproximaram de Lúcia.

– Veja! Ela tem uma estaca presa em suas costas! Está indo em direção ao seu coração.

– E sabe quem é o responsável por isso? – perguntou o Exu chefe.

– Posso imaginar. É possível que um espírito caído esteja irradiando de forma negativa contra ela a mando de um trevoso. Se o senhor permitir, posso tentar ver onde está a raiz disso.

– Consegue ir até a raiz do problema?... É possível que se esgote! Além disso, você não tem nenhuma arma de proteção concedida pela Lei! Mesmo que consiga criar alguma arma, pode não ser o bastante!... A escolha é sua! – falou com ar de dúvida o Exu chefe do templo.

– Posso tentar, senhor Exu. Não me importo se meu espírito for esgotado! Pelo que pude sentir, essa moça não merece passar por isso... Não preciso de armas! Se realmente for algum espírito que está agindo a mando de um trevoso, posso tentar dialogar... Eles são usados pelos mais espertos para esses tipos de trabalho! Alguns aceitam fazer esse tipo de trabalho em troca de essências que alimentem seus espíritos!

– Bem, já que acha assim... Faça o que achar melhor – outorgou o Exu Chefe, que em seguida, foi ao encontro do outro Exu ali presente. – Tenho que confessar, Guardião. Se conseguir fazer com que ele evolua, teremos um ótimo aliado à esquerda!... Mas ele ainda precisa pensar antes de agir... Fique atento, Guardião!

– Sim. Estou atento, meu amigo... Também acredito que teremos um grande aliado... Não é à toa que ele foi escolhido pelo trono do Senhor do Fogo.

Heitor continuou ao lado de Lúcia. Observava aquela estaca em suas costas. Sabia que era uma demanda negativa. Mas, como ela estava com pouca fé, o curandeiro não conseguia ajudá-la... Mas a vontade que Heitor tinha em mudar seus caminhos era maior... Ele iria fazer de tudo para ajudar o curandeiro a tirar aquela demanda, sem ao menos saber o que o quem encontraria. Afinal, Inácio já não andava só.

Passaram-se aproximadamente duas horas. Todas as pessoas já haviam ido embora. Ficaram no templo apenas Lúcia e alguns filhos da casa.

O curandeiro estava sentado em um banco de madeira. Ao seu lado, além de ainda estar um Exu para protegê-lo, Pai Guiné o orientava.

Assim que todas as pessoas foram atendidas, por intermédio do curandeiro, Pai Guiné pediu a que chamassem Lúcia.

– Salve, filha! Abençoada seja em nome de Deus Pai!... Como está sua fé, hoje? – perguntou Pai Guiné.

– Não aguento mais, meu Pai! Por favor!... Ajude-me! – Lúcia implorou chorando.

– Preto-velho vai fazer o que for possível. Mas preciso que filha ajude... Precisa ter fé!

– Peço desculpas, meu Pai! Confesso que não acreditava. Mas agora sei que não existe outra cura a não ser a espiritual... Veja. – Lúcia abriu uma sacola que continha garrafas de marafos. – Trouxe essas bebidas. Sonhei duas vezes com elas. Senti que deveria trazê-las.

– Já está começando a ouvir sua intuição! Muito sábio de sua parte, filha!

– Obrigada, Pai Guiné! – agradeceu Lúcia.

"Naquele momento de tratamento espiritual, Inácio ainda vibrava de forma negativa contra Lúcia."

Certo de como iria ajudar Lúcia, Pai Guiné começou a orientar o curandeiro em seu mental:

– Chame alguma filha da casa para ajudar... Agora, peça para que molhe as ervas na água... Peça para banhar as costas na direção do coração... Abra as garrafas, filha – Pai Guiné pediu a Lúcia. – Sirva o marafo e deixe-o ao lado da porta – apontou para a tronqueira.

Enquanto Pai Guiné atendia Lúcia por intermédio do curandeiro, Heitor, que, naquele momento ainda tinha vibrações das trevas em seu espírito, observava, tentava de alguma forma ver quem era o responsável por aquela demanda.

Ainda observando Lúcia, pouco tempo depois Heitor pôde ver uma linha negativa ligada ao espírito dela... Pôde sentir de onde vinha a vibração. E, certo de como iria ajudar, foi ao encontro do Exu chefe do templo.

– Senhor Exu! Pude sentir a energia! Sei como ir até a raiz! Só preciso seguir a vibração daquela linha negativa!... Estou certo de que algum ser está vibrando contra ela!

– Está certo disso? – perguntou o Exu chefe do templo.

– Sim. Estou!

– Mesmo desarmado vai tentar ajudar essa jovem? – perguntou novamente, com ar de dúvida, o Exu chefe.

– Sim! Posso convencê-lo a parar!

Mesmo sem ser outorgado e sem armas da Lei, Heitor lançou-se como na velocidade da luz. Seguiu a vibração da linha que estava ligada ao espírito de Lúcia para chegar à raiz do problema.

Ainda no templo, enquanto o curandeiro fazia o ritual para ajudar Lúcia, Pai Guiné aproximou-se dos Guardiões que ali estavam:

– Ele tem muita vontade em ajudar! – falava de Heitor. – Mas precisa aprender a não agir por impulso!... Peço que fiquem atentos, senhores Guardiões!

Distante do templo...

Em poucos segundos, Heitor já estava próximo à raiz do problema, e, assim que viu Inácio, não teve dúvidas de que ele era o responsável pela demanda contra Lúcia.

Heitor foi na direção de Inácio:

– Por que está fazendo isso?! – Heitor indagou Inácio. – Sabe que está agindo de forma errada, não sabe?!

– Não é da sua conta, seu imbecil!!! Não devo satisfações a você!!! – disse Inácio de forma grosseira.

– Aquela jovem está sofrendo! Ela não merece isso! Se está sendo obrigado a demandar contra ela, pare agora!!! – Heitor ordenou.

– Serei muito bem pago por isso! Acha mesmo que vou parar tão fácil assim?! Se eu fosse você, iria embora agora mesmo, antes que chegue quem me ordenou!

Já era tarde. Mesmo que Heitor quisesse ir embora, não conseguiria. O trevoso chefe que havia ordenado para que Inácio tomasse conta daquela demanda já estava próximo a eles. E ao seu lado havia mais quatro.

– O que quer aqui, seu maldito?! – indagou um deles a Heitor.

Naquele momento, Heitor pôde sentir o que iria lhe acontecer... Mas, mesmo assim, não desistiu.

– Ele não pode fazer isso! Uma jovem está sofrendo por causa disso!

– Fomos pagos para fazer isso, seu idiota!!!... Vamos!!! Vá embora!!! Antes que eu acabe com o que resta nesse seu maldito espírito!!!

– Podem fazer o que quiserem! Vim aqui para ajudar aquela jovem e não vou embora enquanto não o fizer!

Heitor não se importava com mais nada, queria a qualquer custo ser visto pela Lei como um espírito que não servia mais às Trevas... Mas ele cometeu um erro... Agiu por impulso.

Mas Heitor nem teve tempo de pensar nisso. Os trevosos agiram muito rápido:

– Prendam esse miserável!!! – ordenou um deles.

Naquele momento, Inácio zombava da situação em que Heitor estava, e este sentiu que seria seu fim, pois os trevosos já estavam indo em sua direção. Além de força em seus espíritos, estavam com suas armas, e Heitor não tinha nada para se defender além de palavras... Sentia que seria inútil. Era apenas ele contra todos os trevosos. E, vendo que nada poderia fazer, ajoelhou-se para entregar-se ao seu destino.

Inácio ainda zombava, pois o chefe e seus seguidores já estavam próximo a Heitor e não tinham dúvidas de que iriam capturá-lo... Mas isso não iria acontecer, pois, quando estavam há poucos passos para dominar Heitor, que ainda estava de joelhos, foram impedidos.

– Afastem-se agora!!! Se derem mais um passo, sentirão a força de minhas espadas em seus espíritos!! – era o Exu Guardião que havia resgatado Heitor quem ordenava. O mesmo que estava no templo.

Sim. Aquele Exu seguiu a mesma vibração que Heitor, pois, além de estar atento, fora orientado por Pai Guiné.

– Vamos!!! Afastem-se!!! Não forcem para que eu use o poder que existe em minhas espadas! Se eu usar, não me responsabilizo pelo que irá acontecer! – o Exu Guardião alertou, olhando de forma séria para todos, mas seus pensamentos estavam em outros lugares.

– Acha mesmo que será capaz de nos enfrentar? – desdenhou um deles. – Esse aí ao seu lado não tem forças para nada! Você está sozinho!!! – e gargalhou.

– Não afirme o que seus olhos não podem ver!... Afastem-se! É o último aviso! – alertou o Exu Guardião. Porém, seus pensamentos ainda estavam em outros lugares... Ele mentalizava seus aliados e, local onde estava.

Eles não deram ouvidos e começaram a caminhar na direção do Exu Guardião e de Heitor... Enquanto Inácio ainda zombava.

A fim de proteger Heitor, o Exu Guardião ajoelhou-se, ergueu suas espadas e, usando toda a sua força de espírito, cravou as duas no solo.

Amedrontados, os trevosos pararam no mesmo instante; Inácio também sentia medo em seu espírito. E o motivo foi porque todos viram que, atrás do Exu Guardião, surgiram dezenas de aliados. Alguns deles tinham o dom de ir de um lugar para outro apenas em um piscar de olhos. Todos estavam empunhados de suas armas de proteção. Alguns impunham respeito apenas na forma de olhar.

Com a situação sob controle, o Exu Guardião levantou-se, apanhou suas espadas e direcionou uma delas para os trevosos.

– O aviso foi dado, mas não escutaram!... Mesmo assim, ainda darei a vocês duas escolhas!... Podem mudar suas decisões e ir embora! Mas, caso escolham ficar, darei ordens para que meus aliados protejam esse ser ao meu lado!... Façam suas escolhas, senhores! – disse o Exu Guardião ainda com suas espadas direcionadas para os trevosos... Ele não estava muito preocupado com eles. Seu foco naquele momento era proteger Heitor, além de também querer entender por que Inácio demandava contra Lúcia.

Sentindo a força que emanava das espadas, do Exu Guardião e de seus aliados, os trevosos sumiram em uma fração de segundos... Com exceção de Inácio... Ele não conseguiu fugir... Um aliado do Exu Guardião o prendeu em suas correntes.

Assim que todos os aliados do Exu Guardião foram embora, ele se dirigiu a Inácio.

– Você virá comigo! – ordenou.

Entre correntes, Inácio foi levado ao Templo onde Lúcia estava.

– Aqui está ele, companheiro! – falou o Exu Guardião ao Exu chefe do templo. Ele falava de Inácio.

– Ele é seu, Guardião! Tem minha permissão para ordenar esse miserável! – disse o Exu chefe do templo.

O Exu Guardião levou Inácio próximo a Lúcia, que estava ajoelhada pedindo por sua cura.

– Está vendo essa jovem que clama por ajuda?! – era o Exu Guardião quem perguntava a Inácio, ainda preso pelas correntes. – Está vendo essa mancha em seu espírito?!... Isso é o resultado de sua ação, miserável!... Vamos!!! Ajoelhe-se e desfaça!!! – ordenou o Exu Guardião.

– Mas serei punido se fizer isso! Eles me ordenaram! – Inácio dava sinais de estar apavorado. – Eles disseram que iriam alimentar meus vícios se fizesse isso!

– De qualquer forma será punido! Mas, se desfizer, talvez seu sofrimento seja menor... Vamos!... Desfaça!... Retire sua vibração dela! Ou farei com que sinta minha espada em seu espírito! – o

Exu Guardião ordenou, direcionando sua espada para o pescoço de Inácio.

– Por favor, senhor Guardião! Serei punido por eles se fizer isso!

Naquele momento, o Exu Guardião cravou uma de suas espadas no pescoço de Inácio.

– Vamos!!! Desfaça!!! Retire sua vibração dela!!!

Não tendo saída, com aquela espada em seu pescoço e sentindo o poder que nela continha, Inácio ajoelhou-se, direcionou suas mãos para Lúcia e, mesmo sentindo seu espírito sendo atingido pela força da espada, começou a desfazer sua demanda.

Algum tempo depois, já sem muita força em seu espírito, Inácio caiu ao solo. Estava esgotado... Mas, mesmo assim, os Exus de Lei não iriam desistir de ajudar Lúcia.

O Exu Guardião tirou sua espada do pescoço de Inácio, puxou as correntes e fez com que ele ficasse de joelhos, enquanto Lúcia, sem perceber o que acontecia do lado espiritual, ainda fazia preces pedindo por sua cura.

– E então, meu amigo? – era o Guardião quem falava com Inácio. – Vai colaborar dizendo por que demandava contra essa jovem para sabermos como podemos ajudá-la ou prefere que eu volte aonde você estava e veja com meus próprios olhos o que foi feito?... E pode ter certeza!... Farei questão de ver tudo com riqueza de detalhes!... A escolha é sua!

– Não é preciso, senhor Guardião! Contarei toda a verdade – disse Inácio, amedrontado.

Inácio contou toda a verdade aos Guardiões. Que fora direcionado para aceitar aquela oferta negativa para demandar contra Lúcia; em troca, seu espírito seria alimentado.

– Essa é a verdade, senhores Guardiões! Inclusive tive de ficar indo até a casa da pessoa que ofertou! E, assim que ela enterrou as vestes dessa jovem, comecei a irradiar contra ela! – disse Inácio, arrependido.

Depois de ouvir aquela narrativa e certo de que Inácio não carregava tanta maldade em seu espírito, o Exu chefe do templo aproximou-se dele e perguntou:

– Já desfez?

– Sim – respondeu Inácio, ainda de joelhos olhando para baixo.

A fim de ajudar Inácio a encontrar novos caminhos, o Exu chefe do templo foi até a porta da tronqueira, direcionou sua mão esquerda para os marafos que Lúcia havia levado, puxou a essência que ali continha, voltou para próximo de Inácio e disse:

– Pegue, miserável! – cedeu a ele um pouco da essência do marafo que a jovem ofertou. – Não seja estúpido! Não precisa ficar aceitando ofertas para fazer o mal!... Aceite para fazer o bem!... Agora, como você sabe onde mora quem enterrou as vestes dessa jovem, vá e a oriente para que desfaça o que foi enterrado! – ordenou. Em seguida, pediu para um dos Exus sentinelas que faziam a proteção da entrada do templo: – Acompanhe esse miserável até que seja desfeita a magia!

Inácio não pensou duas vezes. Rapidamente lançou-se para o lugar onde morava a pessoa que havia feito aquele ritual e, de forma desesperadora com um Exu de Lei ao seu lado, entrou no mental daquela pessoa pedindo que desfizesse.

Depois de aproximadamente uma hora, a que havia feito o ritual tomou uma decisão e foi até o local.

Nitidamente arrependida, ela desenterrou tudo o que ali estava, desfez e pediu perdão.

– Viu como não é difícil fazer o bem, seu estúpido? – era o Exu que estava ao lado quem falava com Inácio. – Pense em suas escolhas! Procure novos caminhos! Eu, em seu lugar, não iria gostar de ficar preso pagando por meus erros!... É só um alerta... Agora vá embora!

Inácio deu alguns passos, em seguida, olhou para o Exu que ali estava e disse:

– Senhor Guardião... Peço desculpas pelo que fiz!... Eu não via outros caminhos, a não ser esse no qual estou.

– Pense em suas escolhas!... Nunca é tarde para fazer o bem! – afirmou o Exu e lançou-se para longe dali.

Esgotado, sem saber o que fazer e certo de ser um devedor da Lei, Inácio disse a si mesmo:

– Aquele Guardião pode até estar certo. Mas para mim já é tarde... Não tenho como fazer o bem! – afirmou a si mesmo.

Ainda esgotado e sem forças para lançar seu espírito, Inácio caminhou durante dias, até chegar na parte trevosa onde o chefe estava.

– O que está fazendo, maldito?!! – o chefe perguntou a Inácio.

– Ficou louco?!! Os executores da lei o pegaram! Se ficar aqui, é bem capaz de eles virem ao nosso encontro!!!

– Vá embora, miserável!!!

Sim... Inácio foi expulso pelo chefe.

Era difícil acontecer uma situação como aquela. Geralmente, os chefes das trevas não fazem questão de manter como escravos espíritos que estão extremamente esgotados, que não era o caso de Inácio... Mas ainda sentia certa fraqueza em seu espírito. Porém, como os Guardiões da Lei intervieram na demanda contra Lúcia, o chefe achou por bem que Inácio não mais ficasse ali... E foi o que aconteceu... Inácio ficou por tempos perambulando pelo plano terrestre.

"Enquanto Inácio estava 'perdido' à procura de novos caminhos, ao mesmo tempo, Ruth ainda agia a mando do chefe e de seus seguidores."

O Arrependimento de Inácio

Passaram-se dias. Esgotado, sem saber o que fazer, para onde ir e temeroso em ser pego por trevosos, Inácio decidiu voltar no templo onde fora obrigado a desfazer sua demanda e ficou andando pelas redondezas por alguns dias, até que chegou o dia em que os encarnados iam em busca de atendimento e paz de espírito.

Um pouco distante daquele templo, Inácio pensava no que fazer e falar. E, durante esse tempo, os Guardiões que estavam na porteira envoltos por suas capas e empunhados de lanças conversavam...

– Estou sentindo a vibração dele, companheiro. Acho que não está com boas intenções – um dos Guardiões estava alerta. Falava de Inácio.

– Fique tranquilo – quem falava era o Exu que havia levado Inácio até a casa da pessoa que havia ofertando de forma negativa contra Lúcia. – Pela feição dele, creio que não esteja com más intenções... Eu já o conheço. Era ele quem demandava contra aquela jovem que hoje está bem!... Acho que veio em busca de ajuda.

– E por que acha isso?

– No dia em que ele foi até a casa da pessoa que fez a oferta negativa contra a jovem, eu disse a ele que nunca é tarde para fazer bem... Creio que esteja arrependido e está em busca de novos caminhos... Mas de qualquer forma, vamos esperar a decisão dele.

Algum tempo depois, assim que algumas pessoas adentraram o templo, Inácio aproximou-se da porteira, ajoelhou-se próximo aos Guardiões, curvou sua cabeça e disse:

– Senhores Guardiões!... Peço perdão pelo que fiz! Estou aqui em busca de ajuda... Preciso encontrar novos caminhos!... Peço encarecidamente a ajuda de vocês!

Os Guardiões ficaram observando Inácio por um tempo; em seguida, um deles disse:

– Levante-se – e prosseguiu: – Infelizmente, não há nada que possamos fazer nesse momento. Precisamos ficar atentos em quem entra e sai deste templo! Mas, caso queira, posso falar com o Guardião chefe.

– Aquele das espadas?!! – Inácio perguntou, temeroso. – Por favor, não!!! Não quero mais sentir a força dele!!

– Acalme-se! Aquele não é o Guardião chefe! Ele guarda um cemitério! O Guardião chefe é o que deu a você a essência do marafo. – Aquele Exu conversava de forma calma com Inácio, pois sentia que ele queria ajuda. E, como estava no início da nova crença religiosa, toda ajuda para o bem era bem-vinda... – Quem sabe ele não se torne mais um dos nossos – pensou aquele Guardião.

– Por favor! Caso eu possa, deixe-me falar com ele. Deixe-me falar com o Guardião Chefe.

O Exu da porteira foi ao encontro do Exu chefe. Em pouco tempo voltou para próximo de Inácio.

– Infelizmente, ele não pode conversar agora. Está atento à corrente. Mas disse que, caso queira, pode esperar... Só não posso garantir em que momento ele virá ao seu encontro.

– Ele disse que conversará comigo, mas não sabe em que momento? – perguntou Inácio.

– Exatamente!

– Pois então esperarei! Não importa o tempo!... Não lançarei meu espírito para outro canto enquanto não falar com o Guardião chefe! – afirmou Inácio, e começou a caminhar.

– E vai ficar por onde? – perguntou um dos Guardiões.

– Perambulando por essas bandas até que possa falar com ele... Só não ficarei próximo a este templo... Não quero que minha vibração atinja os que aqui vêm em busca de ajuda! – disse Inácio, e afastou-se do templo.

Naquele momento, um dos Guardiões da porteira observava Inácio caminhando. E, ainda olhando para ele, disse ao outro Guardião:

– Você estava certo, companheiro!... Ganhamos um novo aliado à esquerda!

Sim, os Guardiões estavam certos... Inácio seria um novo aliado à esquerda. E, durante sua evolução, Ruth continuaria da mesma forma... Seguindo as ordens das trevas.

"*Durante o tempo em que ficou perambulando perto daquele templo, Inácio teve diversos sentimentos e pensamentos. E, graças a eles, sua evolução foi se aproximando cada vez mais... Sim... Inácio tinha sentimentos de estar arrependido. Além de, também, querer seguir os caminhos de Luz.*"

A Evolução de Inácio

Dias depois de estar perambulando, Inácio estava parado um pouco distante do templo. Era noite, quando ouviu alguém se dirigir a ele...
– Boa noite... Estava à minha espera?
Ao ver que quem falava era o Guardião chefe do templo, Inácio ajoelhou-se rapidamente e curvou sua cabeça.
– Obrigado por vir ao meu encontro, senhor Guardião.
– Se continuar curvado, eu vou embora!... E não garanto que voltarei! – afirmou o Guardião.
Inácio levantou-se e disse:
– Peço perdão por tudo o que fiz, senhor Guardião! Sinto-me o pior dos seres sempre que lembro de minhas ações fora da Lei! – Inácio chorava. – Por favor! Ajude-me!... Não quero mais fazer o mal! Não quero voltar a ser um escravo das trevas! – disse um tanto desesperado.
– Acalme-se, meu amigo. Se quer fazer o bem, sei como ajudá-lo.
– Está falando sério? – Inácio perguntou um tanto surpreso.
– Por acaso, acha que vim aqui à toa?... Acha que não ficamos vigiando você durante o tempo em que ficou perambulando por essas bandas?... E posso lhe afirmar!... Um dos Guardiões da porteira tem o dom de ouvir mental o alheio!... Ele escutou o seu durante muito tempo!... Venha comigo.
Eles foram para o templo. Ao chegarem, antes de adentrar, Inácio perguntou preocupado ao Exu chefe:
– Aquele Guardião das espadas não está aí dentro, está?... Não quero sentir novamente aquela força! Achei que seria meu fim!

– Fique tranquilo. Ele não está aqui! E mesmo que estivesse, não faria nada contra você!... Naquela ocasião, ele teve de ser enérgico, pois aquela jovem precisava de ajuda e você não estava querendo colaborar. E como tínhamos outorga para ajudá-la, o Guardião não pensou duas vezes quando você se recusou... E tenha certeza! Eu ou outro, no lugar, agiríamos de forma semelhante!... É assim que é, meu amigo!... Se a Lei ordena, executamos!

– Compreendi, senhor Guardião.

– Pode me chamar apenas de Guardião... Agora vamos entrar. Eles foram para a tronqueira.

– Aqui é sua morada, Guardião? – perguntou Inácio.

– Também!

– Como assim também?

– Existem muitos mistérios em um local firmado para as forças da esquerda, meu amigo... E da direita também!... Muitas vezes, locais como esse servem como referência aos que estão na carne. A firmeza mesmo pode estar em outro local. Pode até estar dentro de um terreiro. Mas não é visível aos olhos humanos!... Claro que tem suas exceções... Dependendo do dom que um encarnado tem, talvez até veja a firmeza caso entre em uma tronqueira... Mas isso também se a lei ou os próprios Guardiões da casa permitirem!... Creio que, com o passar dos tempos, você aprenderá.

– Mas esse lugar é muito pequeno, não?

– Primeiro!... Não é lugar!... É uma tronqueira de Lei! – corrigiu o Exu chefe e prosseguiu: – Segundo!... Não existe lugar pequeno quando se tem fé, meu amigo! Uma pessoa pode fazer sua firmeza em uma enorme casa ou em um espaço como esse! Dependendo de sua fé e intenção, a vibração será a mesma!... E terceiro!... Você acha pequeno porque não consegue ver do outro lado do portal!

– Qual portal, Guardião? – Inácio perguntou, olhando para os lados.

– Está atrás de você.

Inácio olhou para trás e disse:

– Não vejo nada.

– Não vê porque está oculto a seus olhos... De um passo à frente.

– Mas à minha frente tem uma parede com símbolos, Guardião.

– Aos seus olhos e aos de muitos que estão encarnados pode ser apenas uma simples parede com símbolos... Dê um passo à frente e tire suas conclusões.

Assim que deu um passo à frente, Inácio percebeu que não estava mais na tronqueira. Estava em um lugar desconhecido onde havia um enorme Templo com dois enormes Guardiões fazendo a proteção na entrada. E, ao avistarem Inácio, olharam de forma séria para ele.

– Por favor! Tire-me daqui, Guardião!!! – Inácio pediu apavorado. – Tem dois seres enormes olhando de forma séria para mim!... Eles vão acabar com meu espírito!!!

– Acalme-se... Dê um passo para trás.

Inácio o fez e viu que já estava de volta à tronqueira.

– Fique calmo, meu amigo – disse o Exu chefe do templo. – Aqueles seres são Guardiões de Lei. Você é um desconhecido!... Por isso que eles olhavam de forma séria... Nenhum desconhecido vai até o templo dos Guardiões sem estar acompanhado de um ser de luz!... Bem, vamos ao que interessa... Está realmente disposto a mudar sua vida em espírito?

– Sim, Guardião! Não quero voltar à vida que levava. É certo que eu podia negar-me a seguir as ordens do chefe de onde eu ficava. Mas o medo de ser torturado era maior.

O Exu chefe do templo pensou por algum tempo refletindo nas palavras de Inácio. Em seguida, disse:

– Creio que posso confiar em suas palavras. Se está disposto a mudar, vou ajudá-lo. Até porque já tenho permissão para isso!... Venha comigo.

Eles foram para o centro do templo.

– Sua evolução começará aqui neste templo. Seguirá as regras da casa e o que lhe for pedido!... Sempre que houver a necessidade, aliados da esquerda virão por um portal que eu mesmo ativo no centro desse solo... O porquê de eles virem?... Para ajudar a desfazer demandas!...

Além de também ajudarem na limpeza espiritual... Muitos deles virão com seres que seguiam o mesmo caminho que você seguia. Estes, serão direcionados a desfazer demandas. Os Exus Guardiões que os trazem têm permissão da Lei para usarem suas armas, se assim for necessário!

– Igual ao Guardião que usou aquela espada em meu pescoço? – Inácio perguntou, certo da resposta que teria.

– Bem. A princípio tentamos negociar, como o Guardião tentou com você. Agora, caso não tenha acordo, aí damos nosso jeito!

– Compreendi... Então, vou precisar ajudar a desfazer possíveis demandas contra quem não mereça... Seria isso?

– Exatamente, meu amigo!

Inácio pensou, derramou algumas lágrimas, em seguida disse:

– Se isso for seguir a Lei, eu aceito, Guardião.

– Por que essas lágrimas, meu amigo? – perguntou o Exu chefe do Templo.

– Achei que seria impossível seguir novos caminhos, Guardião... Mas vejo que me enganei. – Inácio ajoelhou-se e disse: – Obrigado, Guardião chefe! Também sou grato ao Guardião das espadas por fazer com que eu desfizesse minha demanda contra aquela jovem. – Inácio agradeceu ainda em lágrimas.

– Levante-se! – pediu o Exu chefe do templo e ficou olhando para Inácio. Em seguida, disse: – Caso queira, pode chamar-me de amigo ou companheiro... Sinto que será um dos nossos!

O Exu chefe do templo não estava errado. Dias depois, ocorreu uma nova corrente de atendimento naquele templo e, direcionado pelo Exu e por um sábio Preto-Velho que também era chefe daquele templo, Inácio ajudava a desfazer demandas.

Muitas vezes, graças à sua vontade em ajudar, Inácio ficava esgotado, pois algumas demandas eram pesadas, chegando a atingir até mesmo uma única família... Mas Inácio não media esforços. Fazia de tudo para ser aceito pela Lei, mesmo sem saber qual seria seu destino. E, quando seu espírito era esgotado em decorrência dos trabalhos, outros Exus o levavam para o Templo dos Guardiões, onde seu espírito era revigorado de forma gradativa.

E assim, durante muito tempo, Inácio ajudou naquele templo, até que chegou o dia do resultado de sua escolha. E durante esse tempo, Ruth ainda seguia sua vida nas trevas... Ainda era ordenada pelo chefe ou por seus seguidores.

"Inácio já estava ciente de que iria trabalhar na Lei. Só não sabia como, onde e o que faria."

Um Novo Aliado à Esquerda

No dia marcado, o Exu chefe do templo foi ao encontro de Inácio, que estava junto a outro Exu em uma determinada encruzilhada.

– Boa noite, companheiros! – era o Exu chefe do templo quem saudava Inácio e o Guardião daquela encruzilhada. – Vamos, meu amigo! – ele se dirigiu a Inácio. – Precisamos ir para o ponto de força do Orixá que o regerá!

– E onde será, companheiro? – perguntou Inácio.

– Chegando lá, você verá.

Inácio fora levado ao ponto de força do Orixá ao qual seria apresentado. E, depois de ser regido, foi levado ao Templo dos Guardiões e apresentado a um Exu maior, o qual permitiu que Inácio usasse seu nome, caso necessário.

Tempos depois de já estar agindo na Lei e protegendo seu ponto de força, Inácio pediu a um de seus aliados que ficasse em seu ponto. E, já plasmado com suas vestes de Guardião, foi ao encontro de outros Guardiões que estavam reunidos em um cemitério.

Ao chegar, Inácio pediu licença aos Guardiões que estavam no portão, adentrou, foi ao encontro de todos os que ali estavam envoltos por suas capas, vestes e armas de proteção e mãos. E, em sinal de respeito, saudou o Guardião responsável por aquela Calunga...

– Salve, companheiro, Caveira! – era Inácio quem saudava o Guardião daquele ponto de força.

– Salve, amigo!

– Boa noite, companheiros! – Inácio saudou a todos os Guardiões que ali estavam. – Boa noite, moças! – saudou as damas que ali estavam. E, por fim, saudou um espírito de negro que vivera como escravo em sua última vida. Ele estava envolto por vestes brancas

que continham símbolos que faziam referência ao Orixá das Almas.
– Salve sua sagrada presença, senhor.
– Eu saúdo sua força, Guardião – era Barnabé quem agradecia. – E obrigado por vir... Bem. Vamos direto ao ponto!... Acho que não é segredo para nenhum de vocês que a nova crença religiosa precisa de aliados, tanto na direita como na esquerda, para que possa ser mais e mais propagada. Minha missão junto a todos os que aqui estão é a de ir em busca de seres que queiram evoluir, mudar seus caminhos, para que possam juntar-se a vocês, Guardiões. De minha parte, conheço alguns que talvez possam fazer parte dos falangeiros da esquerda e já tenho permissão da Lei Maior para que estes possam ser resgatados! Porém, caso não queiram evoluir, não posso interferir em suas escolhas! E é por isso que pedi a presença de todos vocês, senhores Guardiões e Guardiãs... Como conheço boa parte do que cada um passou e com quem estive, creio que possamos ajudar alguns... Mas precisamos ir em busca justamente daqueles que, de alguma forma, demonstraram arrependimentos e querem seguir novos caminhos.

Depois de mais algumas explicações, os que ali estavam manifestaram-se, dizendo já saber quem talvez poderia ser resgatado para seguir a Lei.

– Ótimo, senhores Guardiões e Moças! Sabia que poderia contar com a ajuda de todos! – disse Barnabé.

– Será um prazer ajudar a quem de alguma forma ajudou a muitos dos que aqui estão – era o Guardião daquela Calunga quem falava. O Exu Caveira. – Somos gratos ao nosso Ser Supremo por permitir que o senhor nos direcionasse.

– Fiz de bom grado, Guardião. E sou grato a Ele também!

Naquele momento, Inácio pensava em Ruth. De todos os seres que levou para ser escravos da trevas, Ruth parecia ser a única que seguia as ordens para que não sofresse.

"Aquela não fora a primeira vez que Inácio pensou em ajudar Ruth. Antes de ser regido já havia pensando. Mas, como não tinha muito o que fazer, até porque estava praticamente só e não queira ser pego por trevosos, preferiu não tomar tal decisão; então, aguardou o momento certo... E este havia chegado."

Ainda se lembrando de Ruth, Inácio pensou:

– Chegou o momento de me redimir com ela. – E se dirigiu aos que ali estavam: – Companheiros. Creio que conheço alguém que possa fazer parte de nossa falange... É uma jovem!... Ela deixou a vida na carne por volta de seus 30 anos de idade. Eu estava presente na hora do desencarne. Por tudo que passou quando na carne, ceifou a própria vida!

Inácio contou algumas coisas que sabia sobre Ruth, o que ela fazia nas trevas, por onde ficava, as pessoas que ajudava fazendo suas preces para que mudassem seus caminhos e a angústia que sentia de seu passado... Mas evitou falar sobre os abusos.

Assim que ouviu a narrativa de Inácio, Barnabé se dirigiu a ele.

– Filho. Se realmente estiver certo em suas palavras, creio que ela realmente queira seguir novos caminhos.

– Senhor. Apesar de já ter passado muito tempo, tenho plena certeza de minhas palavras... Ruth passou maus bocados em vida na carne. Sofreu tanto que acabou por ceifar a vida do próprio pai! Em seguida, ceifou a sua! E assim que conseguiu deixar o corpo que mantinha seu espírito, tive de fazê-la escravas das trevas! – lamentou. – Eu até podia ter negado tal ato! Mas o medo de sofrer e ser torturado não me deixou escolha.

– Não fique se martirizando por isso, filho. Creio que outro em seu lugar agiria de forma semelhante... O importante é que se arrependeu de seus atos e agora segue os caminhos de luz como Guardião.

– Sou grato por suas palavras, senhor. Se for permitido, gostaria de ir em busca de Ruth para tentar ajudá-la. Algum tempo atrás conversei com outros aliados das ruas. Creio que posso contar com a ajuda deles.

– Todos os que aqui estão já têm outorga da Lei para resgatar quem acharem que talvez possa seguir novos caminhos. Depois de serem resgatados, saberemos quem ficará ou voltará para a vida que levam. E, caso resolvam ficar na escuridão, não vamos interferir... Isso é um direito de escolha de cada ser!

Depois de mais alguma explicações, todos os Guardiões e Guardiãs que ali estavam reuniram aliados para irem aos resgates.

Inácio, que também já carregava o nome de um Exu Maior, foi ao encontro de seus aliados. E juntos, durante algum tempo, decidiriam como fariam para resgatar Ruth. E, enquanto decidiam, Ruth seguia sua vida como escrava das trevas.

Dias depois daquela longa conversa na Calunga, todos os Guardiões e Guardiãs foram ao resgate de alguns seres que possivelmente seriam aliados da esquerda. E nas ruas, já depois da meia-noite, Inácio conversava com seus aliados.

– Bem. Então, façamos como combinado, amigos – era Inácio quem falava com seus aliados depois de decidirem como iriam ao encontro de Ruth. – Companheiro Sete Capas!... Sua ajuda será de grande importância nessa missão! Caso não consiga por meio do diálogo, creio que terá sucesso fazendo uso da magia que existe em sua capa.

– Já tem minha ajuda, companheiro! – afirmou o Guardião Sete Capas. – Sei exatamente como fazer para ajudar a moça!

O Resgate. Um Ser Desconhecido... Por Ruth

Ainda agindo a mando do chefe de onde era mantida como escrava, Ruth seguia com sua forçada missão... Levar seres de influências negativas para serem escravos das trevas... Ora sozinha, ora sendo vigiada por um dos seguidores do chefe. Porém, dias antes de ser resgatada, quando estava sozinha, às vezes sentia uma estranha presença. Como se alguém estivesse ao seu lado, mas não podia ver... Ruth não estava errada no que sentia.

Naquela época, Ruth já tinha certo grau de evolução... Mas para o lado negativo. Em consequência disso, para se proteger de alguns que tentavam aproximar-se, conseguiu criar uma arma de proteção para si... Como?... Simples... Em meio a uma oferta deixada em um ponto negativo, Ruth viu que ali havia um punhal. Então, como já vivia há algum tempo ao lado de seres que tinham conhecimentos, aprendeu a puxar energias do que era ofertado... Foi só direcionar suas mãos e fazer com que aquele punhal real se transformasse em arma para si.

Em uma determinada noite em que estava sozinha nas ruas, Ruth viu um ser desconhecido aproximando-se. Da forma que caminhava olhando tudo em sua volta, vestes normais, aquele ser demonstrava estar perdido... Assim achou Ruth.

Desconfiada, Ruth plasmou seu punhal em uma de suas mãos. Estava pronta para, de alguma forma, proteger seu espírito.

Assim que aquele ser se aproximou, ainda desconfiada, Ruth se dirigiu a ele:

– Quem é você?! – Ruth indagou de forma séria, com seu punhal na mão.

Ele nada respondeu. Apenas olhava fixamente para aquela linda jovem.

– Por que está olhando assim para mim?! – Ruth dava sinais de não estar gostando daquele olhar desconhecido.

– Estou apenas admirado com sua beleza... Realmente!... Ele não estava errado... Você é muito bela, moça!... Deve tomar cuidado! – alertou aquele ser "desconhecido".

– Ele quem?! Do que você esta falando?! – Ruth perguntou com seu olhar ainda desconfiado.

– Isso não importa agora... Posso tocar seu corpo?... Gostaria de abraçá-la... Sinto falta disso desde que deixei a vida na carne. – Aquele ser omitia. Queria tocar Ruth para fazer algo por ela.

– Eu sabia! – disse Ruth e apontou seu punhal para aquele ser "desconhecido". – Você é outro maldito à procura de sentir os desejos da carne!... Não se aproxime de mim! Não pense que só porque fui mulher na carne deixarei que toque em meu espírito!... Você não faz ideia do ódio que consumi! Muitos perdidos iguais a você tentaram o mesmo, mas sentiram a força que tem esse punhal!... Estou avisando!... Se tentar tocar em mim, cravarei esse punhal em seu maldito espírito!

Sim. Ruth carregava certo ódio em seu espírito. Depois de tudo o que passou na carne, ainda teve de ouvir coisas absurdas em espírito. Sendo que a grande maioria foi de espíritos que estavam à procura de sentir o que sentiam em vida na carne.

De forma tranquila, aquele ser disse:

– Não estou com maldade. Apenas queria abraçá-la! Mas já que deixou a fúria tomar seu espírito, melhor que eu vá embora.

– É o melhor que tem fazer!... Não me subestime!... Não suporto ser tocada por espíritos que foram homens na carne!

– E por que todo esse ódio, moça?... Aconteceu alguma coisa quando esteve na carne para que sentisse repugnância dos que foram homens? – ele tentava dialogar para ver se naquele momento conseguiria tocar no corpo espiritual de Ruth... Mas não iria conseguir.

– Isso não lhe interessa!... Você deve ser outro doente!... Vá embora!!! – a fúria de Ruth parecia aumentar.

– Tudo bem... Vou embora – disse ele de forma tranquila e saiu daquele lugar.

Dias depois, Ruth novamente estava sozinha, quando mais uma vez sentiu a presença de alguém ao seu lado. Mas, como não conseguia ver quem ou o que era, não fazia muita questão. Porém, sempre que sentia aquela "estranha presença", também via seu espírito enfraquecer de forma gradativa. E isso continuou por um longo tempo. Sempre que estava sozinha, Ruth percebia seu espírito cada vez mais fraco. E, entre idas e vindas, depois de aproximadamente 30 dias do plano terrestre, Ruth não conseguia manter seu espírito em pé. E por causa dessa fraqueza, o chefe ordenou que ela fosse presa.

Já um tanto esgotada e presa nas trevas, Ruth não conseguia levantar seu espírito. Ao notar isso, um dos seguidores do chefe foi avisá-lo.

Eles foram até o local onde Ruth estava...

– O que essa miserável tem?! – era o chefe quem perguntava, já próximo de Ruth.

– Parece que não tem mais forças – era um dos seguidores do chefe quem falava.

– Levante-se, miserável!!! – o chefe gritou e deu um chicotada em Ruth.

Mas ela não esboçou reação alguma, mesmo sendo açoitada mais algumas vezes.

Certo de que Ruth não tinha mais forças em seu espírito, o chefe ordenou que ela fosse jogada no plano terrestre.

– Vamos, miseráveis!!! Tirem esse peso morto daqui!!! Se acharem algum lugar, podem deixá-la presa pelas correntes!!! – ordenou o chefe.

Arrastada por dois seres, Ruth foi levada ao plano terrestre. E, enquanto a arrastavam, aqueles seres sentiram uma estranha presença próximo a eles.

Algum tempo depois, enquanto Ruth ainda era arrastada, um ser de aspecto trevoso apareceu próximo a eles.

– Aonde vão com ela? – perguntou aos dois que arrastavam Ruth.

– Quem é você, miserável?!... Outro perdido?!... O que faz aqui?! – indagou um dos seguidores do chefe.

Aquele ser desconhecido olhou de forma séria, pensou em fazer algo, mas se conteve.

– Estava caminhando por essas bandas. E quando vi vocês arrastando essa bela jovem esgotada, pensei em pegá-la.

– Esse peso morto? – perguntou um deles e gargalhou.

Naquele momento, Ruth começou a recobrar seus sentidos. E, ainda fraca, começou a ouvir aquela conversa.

– Vamos prendê-la! Nem forças tem mais! Antes, ela até conseguia influenciar alguns! Mas agora, da forma em que está, não serve para mais nada! – afirmou um dos seguidores do chefe.

– Gosto dessas que estão fracas! Darei um jeito para revigorar seu espírito e usá-la de alguma forma – disse aquele ser desconhecido.

Naquele momento, Ruth pensou. – Serei escrava de outro... Senhor!... Ajude-me! – clamou em seu mental.

– Está em prece, moça?! – era o ser desconhecido quem indagava Ruth. Ele tinha o dom de ouvir pensamentos alheios. – Acha que é digna de misericórdia?! – indagou, a fim de que os trevosos o vissem como um trevoso também.

Fraca e com certo temor em seu espírito, Ruth esvaziou seu mental para não mais buscar ao nosso Ser Supremo.

– Assim é bem melhor! – disse ele, e se dirigiu aos seguidores do chefe. – Já que ela é um peso morto, deixem-na aí que vou ensinar algo a ela! – ele não mentia.

– Para que você quer esse peso morto, imbecil?! – indagou um deles ao ser desconhecido. – Já não lhe disse que ela não serve para mais nada?!

Novamente, aquele ser desconhecido se conteve ao ser ofendido e disse:

– Já disse... Gosto dessas que estão fracas! Darei um jeito para usá-la de alguma forma.

Os seguidores do chefe pesaram. Em seguida, um deles disse:

– Vamos deixar esse idiota com esse peso morto! Ela não serve para mais nada mesmo! Assim não perderemos nosso tempo procurando algum local para prendê-la... Ele que se vire!

Novamente, aquele ser desconhecido olhou de forma séria para os seguidores do chefe, pensou em fazer algo ao ser chamado de idiota, mas, em virtude da situação e do que fazia ali, relevou.

Os seguidores do chefe tiraram as correntes que estavam no corpo de Ruth. Em seguida, o ser desconhecido plasmou uma corrente em sua mão, colocou no pescoço de Ruth e começou a puxá-la.

Com seu espírito esgotado e com medo de ter de servir a outro chefe, Ruth implorou...

– Por favor! Não faça isso! Já sofri demais!... Liberte meu espírito!... Deixe-me ficar como uma perdida! Não quero mais fazer o mal aos que estão na carne! – Ruth pedia e ao mesmo tempo chorava.

– Ahh!!! Cale essa boca, miserável!!! Antes que eu o faça de minha forma! – disse o ser desconhecido, ainda puxando Ruth. Ele ainda falava de uma forma para que os seguidores do chefe o ouvissem e tivessem a certeza de que ele era um trevoso.

Para Ruth era o fim. Naquele momento sentia que seu destino não seria nada bom. Estava certa de que seria novamente escrava das trevas. Então, sem alternativa, olhou para o céu e, com seus olhos ainda banhados em lágrimas, em seu mental pediu:

– Senhor!... Peço perdão por tudo o que fiz!... Eu lhe imploro!... Não deixe que eu volte a ser uma escrava das trevas!... Sei que podia ter me recusado a cometer coisas erradas! Mas não via outra saída!

– Está perdendo seu tempo, moça! – disse o ser desconhecido, que continuava a puxar Ruth. Ele ainda falava em alto tom para que os seguidores do chefe ouvissem.

Não havia mais o que ser feito. Assim sentiu Ruth. Pois estava certa de que seria escrava daquele ser. E percebendo fraqueza em seu espírito, não conseguiu manter seus olhos abertos. Mas, antes de adormecer, forçou um pouco sua cabeça para tentar pedir novamente que ele não a levasse... Porém, Ruth não tinha forças para falar. Apenas conseguiu ver o ser desconhecido e suas vestes um pouco rasgadas... Em seguida, perdeu seus sentidos.

Conhecendo Guardiões de Lei

Algum tempo depois, sem saber ao certo por quanto tempo ficara adormecida, Ruth recobrou os sentidos e sentiu que seu espírito ainda era arrastado. E, ao forçar sua cabeça, confirmou que era arrastada pelo mesmo ser de vestes rasgadas.

Desesperada com o que poderia lhe acontecer, Ruth tentou tirar as correntes que estavam em seu pescoço, mas o ser que a arrastava a impediu, segurando suas mãos.

– Tire suas mãos de mim, maldito!!! – Ruth gritou.

– Você não pode tirar as correntes agora. Pode ser perigoso caso, tente fugir!... Confie em mim!

– Não pense que sou estúpida!!! Sei muito bem o que deseja, maldito abusador!!! – disse Ruth ainda deitada ao solo presa pelas correntes.

Certo do que iria fazer, aquele ser, já sem muito paciência, não deu atenção ao que Ruth dissera e tomou sua decisão.

– Você fala demais, moça! – afirmou ele. – Melhor que continue sem seus sentidos – e direcionou uma de suas mãos para cabeça de Ruth.

– Não toque em mim, seu...

Ruth não conseguiu finalizar. Perdeu completamente seus sentidos assim que foi tocada por aquele ser.

Algum tempo depois, ao recobrar novamente seus sentidos, Ruth percebeu que seu corpo não era mais arrastado. Alguém a carregava em seus braços. Mas ainda não sabia quem era.

Ainda desorientada, da forma que em estava nos braços daquele ser, Ruth conseguia ver o solo. Então, viu parte das vestes daquele que a carregava... Uma longa capa negra. E, assim que se deu conta, a linda jovem olhou rapidamente para quem a carregava, mas não conseguiu ver quem era, pois a touca de sua capa cobria sua face.

Certa de que aquele ser era um trevoso, Ruth indagou:

– Quem é você? – Ruth perguntou de forma séria. – Solte-me, maldito!!! Não serei sua escrava!!!

– E quem disse que será minha escrava? – perguntou ele de forma tranquila.

– Porque você deve ser mais um seguidor daquele que reina nas trevas!!! – Ruth falava do ser desconhecido que conseguiu convencer aos seguidores do chefe que a soltassem. – Vamos!!! Coloque-me no chão!!! – Ela não sabia, mas falava com o mesmo ser.

Ele colocou Ruth no chão, mas ela não conseguiu ficar em pé.

– O que fez com meu espírito, seu maldito!!! Porque não consigo ficar em pé?!! – Ruth perguntou, já caída ao solo.

– Não fiz nada! E não consegue ficar em pé porque está esgotada!... Mais alguma pergunta? – perguntou ele, já tentando manter sua calma.

– Quem é você?!! – Ruth indagou.

– Sou um Exu!... Outra pergunta?!

– Exu?!.. O que é isso?!...

– Um Guardião!... Respondida a sua pergunta?! – disse ele, já sem muita paciência.

– Guardião?!... Você só pode ser um daqueles malditos demônios das trevas!

Sem paciência, o Guardião disse:

– Quer saber? Minha paciência já se esgotou! Fui chamado de miserável e idiota por aqueles que iriam prender seu espírito! Agora vem você e me chama de demônio!... Para mim já deu! Agora você só vai recobrar seus sentidos quando chegarmos ao nosso destino! – afirmou ele, e tirou um tridente de dentro de sua capa.

– O que vai fazer com isso?! – Ruth perguntou um tanto temerosa.

– Tenha um bom descanso! – disse ele, e colocou seu tridente sobre o peito de Ruth, fazendo com que ela adormecesse de forma instantânea, graças à energia que nele continha.

Algum tempo depois, assim que novamente começou a recobrar seus sentidos, Ruth abriu seus olhos e, ao olhar para o lado, viu um Cruzeiro das Almas, velas acesas e um senhor de olhar sereno a observando.

Preocupada e também temerosa, Ruth perguntou:

– Quem é o senhor?

– Pode me chamar de Barnabé, filha.

– Que lugar é esse? – Ruth perguntou olhando para os lados.

– Você está em um cemitério! – afirmou Barnabé. – Levante-se.... Ainda sente fraqueza em seu espírito?

– Não! Estou conseguindo manter-me em pé... O que está acontecendo? Ainda há pouco um ser das trevas puxava-me pelas correntes! Ele disse que eu seria sua escrava! Depois, outro, com uma capa preta, carregava-me! Ele esgotou meu espírito usando algo que tirou de dentro de sua capa.

– Acalme-se, filha. Tudo será explicado... Guardiões... Já podem mostrar seus espíritos – disse Barnabé.

– Com quem o senhor está falando? – perguntou Ruth. Ela não conseguia ver os Guardiões à sua volta.

Naquele momento, diversos seres apareceram, mas Ruth não podia ver alguns deles, pois suas faces e corpos estavam ocultos por suas vestes.

– Como está, Ruth? – perguntou um dos Guardiões. Sua face estava oculta. E seu corpo espiritual estava envolto por uma longa capa preta e vermelha.

– Quem é você? Como sabe meu nome? – Ruth perguntou desconfiada.

– Antes de responder a sua pergunta, quero pedir desculpas por tê-la levado para ser escrava das trevas... Não tive muita escolha.

Ruth já estava desconfiada ouvindo aquela voz, mas mesmo assim perguntou...

– Quem é você?

– Pode me chamar Tranca-Rua! – afirmou o Guardião ainda com sua face oculta pela touca de sua capa.

– Tranca o quê? – Ruth perguntou sem nada entender.

– Filho – era Barnabé quem falava. – Pode revelar sua face.

O Guardião tirou a touca que cobria sua face.

– Inácio!! – Ruth ficou espantada.

– Sim, Ruth.

– O que está acontecendo?! E quem são esses ao seu lado?! – Ruth ainda estava temerosa.

– Acalme-se... São aliados!... São seres de luz!

Desconfiada ao ver um tridente nas mãos de um dos Guardiões, Ruth perguntou:

– Quem é esse ao seu lado?! – Ruth indagou e plasmou o punhal em sua mão. – Acho que foi ele quem acorrentou meu espírito e disse aos outros que daria um jeito para revigorar-me para que pudesse usar-me de alguma forma!... Esse maldito é mais um dentre tantos dos que reinam nas trevas!

– Ei!... Já disse que não sou obrigado a ficar ouvindo essas ofensas! – disse de forma séria o que estava ao lado de Inácio.

– Filha – era Barnabé quem falava com Ruth. – Posso lhe afirmar que está enganada!... Ele não reina nas trevas!... É um Guardião de Lei! Falangeiro do Exu Maior denominado como Exu Sete Capas! – disse Barnabé, e ficou a observar aquele punhal nas mãos de Ruth.

Naquele momento, Ruth lembrou-se de um ser desconhecido que queria tocar seu corpo, quando estava sozinha na rua.

– Se ele for o mesmo que estou pensando, lembro-me de ele ter dito que queira tocar meu espírito!... Ele fingia ser um perdido! Ele queria sentir os desejos da carne! – Ruth falava de uma forma como se quisesse cravar seu punhal no Guardião Exu Sete Capas. E Barnabé ainda observava o punhal.

– Ficou maluca, moça?!! – era o Guardião Exu Sete Capas quem indagava Ruth. – Eu não queria sentir nada!!! – afirmou em alto tom, e em seguida se dirigiu ao Guardião Exu Tranca-Rua: – Vai me desculpar, companheiro! Mas deveríamos ter feito esse resgate usando a segunda opção!... Fui chamado de miserável e idiota por aqueles malditos trevosos e não pude fazer nada! Depois, vem essa desorientada e me chama de demônio! E agora está dizendo que sou um abusador!... Eu não sou obrigado a ficar ouvindo essas ofensas!!!

– Então, por que acorrentou meu espírito e me arrastou por um longo caminho?! – Ruth perguntou de forma séria, e desconfiada também.

– Eu precisava tirar você de perto daqueles miseráveis, sua mal-agradecida!!! Tive de mostrar ser frio para que não desconfiassem e não nos seguissem!!!... Por isso plasmei minha real forma quando já estava próximo a este cemitério!!! Pois vi que eles não se preocuparam em saber o que eu faria com você e não nos seguiram!!!

– Acalme-se, meu amigo – era o Guardião Tranca-Rua quem falava. – Ruth. Farei das palavras do sábio Barnabé as minhas... Ele não é um trevoso! É um Guardião. Assim como eu e todos esses aliados!

– Filho – era Barnabé quem falava. – Ela está desconfiada, e eu não tiro sua razão. Depois de tudo o que passou, dificilmente vai acreditar em seres desconhecidos... Melhor que conte desde o começo. Creio que, assim, Ruth ficará mais calma.

– Farei isso, senhor – disse o Guardião Exu Tranca-Rua e se dirigiu a Ruth. – Bem. Vou explicar o porquê de tudo isso, Ruth...

Antes de irmos ao seu resgate, fomos chamados por esse sábio senhor. Ele disse que a nova crença religiosa precisa ser propagada, além de também precisar de seres que possam ajudar aos que estão na carne.

– De que crença está falando, Inácio? – Ruth perguntou desconfiada.

– Uma que foi apresentada há pouco tempo aos que estão na carne.

– E que ajuda é essa de que os encarnados precisam?

– Se parar de me interromper, talvez eu consiga fazer com que entenda tudo!...

Essa nova crença foi apresentada há pouco tempo para os que estão na carne. Graças a isso, os seres de luz iniciaram um intenso resgate em busca de espíritos que queiram trabalhar em prol da caridade. E, quando o sábio Barnabé pediu nossa presença nesse cemitério, disse que tínhamos permissão da Lei para irmos em busca daqueles que, de alguma forma, sabíamos que poderiam aliar-se a nós!... Mesmo que estivessem vivendo nas trevas... Foi então que me lembrei de você. E, caso conseguíssemos resgatá-la, eu tiraria um enorme peso de meu espírito, por tê-la levado para ser escrava... Então, como eu tinha permissão para ir ao seu encontro, reuni alguns aliados para decidirmos como faríamos para resgatá-la... Tínhamos dois planos... Como nosso amigo Sete Capas consegue ocultar-se por muito tempo em suas capas, pedimos a ele que ficasse próximo a você para esperar o momento exato! E isso seria quando você estivesse sozinha, pois ele precisava tocar em seu espírito?... Porque ele precisava tocar em seu espírito... Simples!... Além do dom de ocultar-se por muito tempo, ele também tem o dom de esgotar espíritos, sobretudo os que agem fora da Lei! E faz isso justamente quando precisa cumprir uma missão, mas que por algum motivo está tendo problemas... Como no seu caso... Ele queria tocar em você para poder esgotá-la. Mas como você não deixou, o Guardião teve de usar outra estratégia... Ficou ao seu lado durante umas 30 noites da terra puxando sua energia para que pudesse deixá-la fraca.

Então era por isso que senti por muitas vezes alguém ao meu lado – Ruth pensou, naquele momento.

– Como eu sabia que o chefe de onde éramos escravos não suportava espíritos fracos, decidimos seguir por esse caminho. Pois eu tinha certeza de que ele iria ordenar que você fosse jogada à própria sorte ou que fosse presa em outro lugar. E, como tivemos sucesso em nossa primeira opção, conseguimos resgatá-la.

Naquele momento, Ruth não sentia mais medo. Também não sentia ódio em seu espírito. Apenas estava pasma com tudo o que ouviu.

– Não sei o que dizer, Inácio... Posso chamá-lo de Inácio ou devo chamá-lo de Guardião Tranca-Rua?

– Como achar melhor, moça – disse o Exu Tranca-Rua.

– Não sei o que dizer, Guardião. Estou pasma com tudo o que ouvi.... Mas... E se por acaso eles não libertassem meu espírito mesmo estando esgotada?... O que você e todos esses Guardiões iriam fazer?

– Seguiríamos com o segundo plano! – era o Guardião Exu Sete Capas quem falava. – Iríamos tirar você de lá usando nossas armas concedidas pela Lei Maior! Se tivéssemos feito isso, eu não teria sido chamado de miserável e idiota!... Muito menos de demônio!

— Peço desculpas, Guardião Sete Capas — era Ruth quem falava. — Eu não sabia qual era sua intenção. Se soubessem o que passei quando estive na carne, entenderiam por que não gosto que toquem em mim... Ainda mais os que foram homens! Mesmo estes estando em espírito, não gosto nem que se aproximem de mim!... Vocês não fazem ideia do que sentia em meu espírito quando era obrigada a me aproximar de algum homem.

— Filha — era Barnabé quem falava. — As lembranças do passado trazem sentimentos ruins ao seu espírito?

— Pode ter certeza de que sim, senhor — afirmou Ruth.

— Pois, então, procure desde já ocultar seu passado... Se o passado não faz bem ao seu espírito, não deve estar em seu presente.

— Já tentei fazer isso, senhor. Mas nunca consegui esquecer o que aconteceu.

— Não conseguia porque era obrigada a lembrar! — era o Guardião Tranca-Rua quem falava. — Ainda me lembro das ameaças que eles faziam, dizendo que, caso você não obedecesse às ordens, a colocariam ao lado de seu pai.

— Aquele doente imundo nunca foi meu pai!... Eu odeio aquele maldito desde minha infância na carne — Ruth já demonstrava certo ódio em suas palavras.

— Creio que seja melhor mudarmos o rumo da conversa — era Barnabé quem falava. — Não queremos que esse resgate tenha sido em vão. Se continuarmos, Ruth nunca conseguirá ocultar seu passado.

— Também acho, senhor — disse o Guardião Tranca-Rua.

Assim que ficou mais calma, Ruth disse...

— Bem. Antes que continuem, gostaria de agradecer a todos pelo que fizeram por mim. Sinceramente, não sei se suportaria continuar naquela vida.

— Isso é um bom sinal, filha — era Barnabé quem falava. — Demonstra que realmente quer seguir novos caminhos... Espero não estar enganado.

— Confesso que poderia ter me negado a seguir as ordens deles, senhor. Mas o medo do passado era maior.

— Bem. Não sei o que aconteceu em seu passado. E também não é preciso que conte... O importante é que realmente queira mudar de vida. E, caso sua resposta seja sim, estamos dispostos a ajudá-la... Eu e todos esses Guardiões que aqui estão... Além de outras moças também.

– Moças?

– Sim, filha... Moças... Guardiãs!... Como disse o Guardião, a nova crença precisa de seres que queiram de alguma forma ajudar. Seja com ensinamentos no plano acima, fazendo a caridade no plano terrestre, ajudando a quem precisa, enfim... Basta querer fazer o bem!... Trabalho dentro da Lei é o que mais tem. – disse Barnabé, e deu um lindo sorriso para Ruth.

Naquele momento, sem ódio em seu espírito, sem lembrar de seu passado e com boas vibrações, ainda que poucas, Ruth derramou algumas lágrimas, deu alguns passos em direção a Barnabé, ajoelhou-se, pegou em suas mãos e disse:

– Não faço ideia do que o senhor disse. Tampouco o que seriam esses trabalhos na Lei!... Mas posso sentir a bondade que emana desse ser iluminado à minha frente e a forças de todos esses Guardiões! – e, olhando para o céu, disse: – Obrigada por fazer com que esse bondoso ser de luz e todos esses Guardiões me ajudassem, Senhor.

– Levante-se, filha... Não precisa responder se aceitará ajudar... Suas lágrimas e sinceras palavras não deixam dúvidas – disse Barnabé, e começou a caminhar em direção ao Cruzeiro das Almas.

– O senhor vai embora?

– Sim. Mas voltarei... Tenha certeza disso!... E fique tranquila... Estará segura e bem direcionada enquanto estiver ao lado desses Guardiões. Além disso, eles já sabem como direcioná-la. E quando eu voltar, peço que não mais se ajoelhe diante a mim... Faça isso quando se dirigir ao nosso Ser Supremo e às suas Forças Divinas – disse Barnabé, e partiu por um portal que abriu próximo ao Cruzeiro.

Assim que o portal fechou, Ruth perguntou ao Guardião Tranca-Ruas...

– O que são Forças Divinas, Guardião?

– Bem. Se realmente tem o desejo de seguir por novos caminhos, não tenho dúvidas de que será apresentada a uma delas.

– Então, isso quer dizer que não pode falar sobre elas a mim, pelo fato de eu ter vivido por tempos nas trevas?

– Não! É que isso não vem ao caso neste momento!... Precisa se preocupar com sua evolução! O que tiver de vir da Lei, tenha certeza!... Virá!... E no momento certo!

– Tudo bem, Guardião... E o que faço para seguir novos caminhos?

– Primeiro precisamos esgotar a negatividade que existe em seu espírito.

– Vão esgotar meu espírito como aqueles malditos trevosos faziam?! – Ruth indagou e plasmou seu punhal.

– Moça! – era o Guardião Exu Sete Capas quem falava. – Qual a dificuldade de você entender que não seguimos as trevas?!... Quando ele disse que precisa esgotar a negatividade que existe em seu espírito, não é como aqueles miseráveis fazem! Mas, sim, por meio de trabalhos dentro da Lei!

– Isso é verdade, Guardião Tranca-Rua? – perguntou Ruth.

– É assim que fazemos para ajudar alguns, Ruth... Sobretudo os que realmente demonstram vontade, como você... Se bem que, com alguns, às vezes, é preciso que sejamos mais enérgicos!... Falo isso com precisão! Pois minha evolução foi um tanto sofrida... Mas gratificante! – disse o Guardião Tranca-Ruas, e se dirigiu aos seus aliados. – Agradeço a todos vocês, senhores. Não tenho dúvidas de que poderia contar com a ajuda de todos, se o primeiro plano não desse certo. Caso eu precise, contarei novamente com a ajuda de todos!

– Será um prazer ajudá-lo, companheiro! – disse um dos Guardiões que ali estava.

– Obrigado, Guardião Sete Espadas! Não tenho dúvidas quanto a isso, grande companheiro.

Os Guardiões que estavam naquela calunga partiram cada um para seu ponto de força, ficando apenas o Exu Guardião do Cruzeiro das Almas e daquele cemitério, o Guardião Sete Capas e Inácio... O Guardião-Tranca Rua.

Naquele época, século XX, como já existiam alguns templos abertos, Inácio, o Guardião Tranca-Ruas, sabia como faria para ajudar Ruth. Se bem que, antes de irem ao resgate, conversou com alguns Guardiões chefe de templos e teve permissão desses para levar Ruth para que pudesse ser ajudada.

– Bem – era o Guardião Tranca-Ruas quem falava. – Creio que esteja certa de querer seguir novos caminhos, certo?

– Sim, Guardião Tranca-Rua! – afirmou Ruth. – E depois de tudo o que ouvi, não tenho dúvidas de que poderei contar com sua ajuda, de seus aliados e do Guardião Sete Capas, aqui presente – em seguida, se dirigiu ao Guardião Sete Capas. – Guardião. Mais uma vez peço desculpas por tê-lo ofendido... Eu não fazia ideia da força que o senhor carregava em seu espírito!

– Fique tranquila, moça.

– Companheiro – era o Guardião Tranca-Ruas quem se dirigia ao Guardião Sete Capas. – Conto com sua ajuda. Precisamos direcionar Ruth, levá-la em missões, templos, apresentar a outras moças, enfim... Temos outorga para seguirmos de nossa forma para ajudá-la!

– Já tem minha ajuda, meu amigo! – afirmou o Guardião Sete Capas.

O Guardião Tranca-Ruas deu alguns passos em direção a seu aliado e disse:

– Conheço sua essência, meu amigo. Não me esqueci do que passou em vida na carne e em espírito, antes de se tornar um Guardião... Por isso, peço... Tente manter a calma. Ruth ainda carrega negatividade em seu espírito. Pode ser que algumas coisas sejam difíceis para ela entender... Além disso, mesmo que um chefe das trevas tenha pedido que a tirassem de onde estava, temos de ficar atentos, caso outros tentem se aproximar dela... E é aí que você precisa manter a calma... Antes de agir, tente negociar... O que acha, companheiro? – perguntou o Guardião Tranca-Ruas e deu um leve sorriso para seu aliado.

– Eu tenho paciência, meu amigo. É só eles não fazerem com que ela se esgote e fica tudo certo!... Eu até tento negociar! Mas muitos daqueles miseráveis não escutam!... Paciência com essa moça pode estar certo de que terei, pois essa também é minha missão... Ajudar a direcionar a quem precisa e queira!... Mas não posso garantir o mesmo, em se tratando de lidar com quem não segue luz!

Naquele momento, o Guardião Tranca-Rua, deu um leve sorriso e disse ao Exu Guardião daquela Calunga:

– Nem sei por que tentei, companheiro. O Guardião do Cemitério disse-me exatamente como ele iria dizer.

– Está na essência dele, companheiro – era o Guardião daquela calunga quem falava. – O importante é que faz tudo dentro da Lei!

– Isso é fato... Bem. Não podemos perder tempo... Moça. Sairá com o Guardião Sete Capas por algumas noites. Ele mostrará algumas missões, como trabalha um Exu de Lei e lhe apresentará a outras moças.

– Não virá junto, Guardião Tranca-Ruas? – perguntou Ruth.

– Não! Tenho algumas missões!... Mas logo sairá comigo... Fique tranquila... Estará segura ao lado deste grande Guardião!... Boa noite a todos! – o Guardião Tranca-Ruas saudou e lançou seu espírito para longe do cemitério.

– Meu amigo – era o Guardião daquela calunga quem se dirigia ao Guardião Sete Capas. – Preciso caminhar em meu ponto de força... Fique aqui o tempo que precisar.

– Obrigado, companheiro.

– Caso precise de minha ajuda, estarei caminhado por entre as covas – disse o Guardião, e foi caminhar pelo cemitério.

– Guardião. Mais uma vez agradeço por ter ido em meu auxílio... Serei eternamente grata – disse Ruth.

– Quer ser grata? – perguntou de forma séria o Guardião Exu Sete Capas.

– Sim, Guardião.

– Então faça de tudo para evoluir!... A nova crença precisa de seres que estão dispostos a ajudar!

– Farei isso, Guardião... E espero contar com sua ajuda.

– Já tem!... Consegue lançar seu espírito?

– Sim. Sinto-me revigorada.

– Ótimo!... É só seguir os caminhos que eu fizer! – disse o Guardião, e lançou seu espírito para fora do cemitério.

Mesmo sem saber para onde estava indo, Ruth seguiu o Guardião Sete Capas. Naquele momento, Ruth iniciava uma nova caminhada... Em direção à luz.

Evoluindo... Conhecendo o Guardião Exu do Ouro

Assim que lançou seu espírito, segundos depois, o Guardião Sete Capas chegou ao seu destino. Era próximo a uma linda cascata. Em seguida, Ruth já estava ao seu lado.

Próximo à cascata havia outro Guardião. Envolto por um manto negro por fora e dourado por dentro, protegia e guardava os mistérios que ali existiam.

– O que viemos fazer nessa grande cachoeira, Guardião? – Ruth perguntou ao Guardião Sete Capas.

– Venha comigo. Vamos falar com aquele Guardião que está próximo à cascata.

O Guardião deu alguns passos, mas parou em seguida, pois viu que Ruth parecia estar distante. Algo trazia arrependimento em seu espírito.

– Algum problema, moça? – perguntou o Guardião.

Ruth manteve-se em silêncio.

– Algo aflige seu espírito?

– Não se preocupe, Guardião – disse Ruth depois de alguns segundos. – Estou bem. Apenas lembrei-me de algo de quando estive na carne.

– Quer falar sobre?

– Não é necessário. Até porque já está feito e não há como voltar atrás.

– Você é quem sabe. Caso queira falar em algum momento, estou disposto a ouvir... Agora vamos falar com o Guardião.

"*O Guardião Sete Capas já conhecia aquele grande Exu que guardava aquele ponto de força. Por mais que às vezes ficasse um tanto sem paciência pela forma como ele falava, ainda assim, sempre contava com a ajuda daquele grande aliado.*"

Assim que se aproximaram, o Guardião daquele ponto de força saudou seu aliado.

– Salve, companheiro Sete Capas!

– Salve, meu amigo – disse o Guardião Exu Sete Capas e tentou interromper seu aliado... Mas mesmo assim, ele prosseguiu...

– Sua presença e dessa bela dama alimentam meu espírito com mansidão. Recebam todo Axé que emana dessa linda cachoeira, concedido por nossa amada e Sagrada Mãe, Deusa do Amor.

– Obrigado, meu amigo – o Guardião Sete Capas agradeceu com feição de já saber como seu aliado iria falar e não mais querendo ouvir.

– Quem é a moça ao seu lado, companheiro?

– Foi resgatada! Está disposta a seguir novos caminhos.

– Isso é bom, meu amigo. Quantos mais aliados e aliadas, melhor será para a nova crença religiosa – disse o Guardião daquele ponto de força, em seguida se dirigiu a Ruth: – Como a bela moça se chama?

– Ruth, senhor Exu Guardião.

– Pode me chamar apenas de Guardião ou Exu, moça... E então?... Está realmente disposta a seguir novos caminhos?

– Estou certa disso, Guardião. Não quero mais seguir pelos caminhos das trevas.

– Bem. Não sei quais foram suas escolhas em vida para que seu espírito fosse em direção contrária à luz. Também não é preciso que conte a mim. Porém, se está aqui é porque já deve ter pagado por seus atos, e estamos dispostos a ajudá-la – disse o Guardião daquele ponto de força. Em seguida, se dirigiu a seu aliado – Para mim, será uma honra ajudar essa bela jovem, meu amigo.

– Obrigado, companheiro – agradeceu o Guardião Sete Capas. Então, virou-se para Ruth: – Ah!... Antes que pense coisas erradas, ele apenas elogiou sua beleza, moça! Isso está na essência dele! Quando em vida na carne, ele foi um príncipe. Era cortês com todas as moças que se aproximavam dele. Sua beleza e forma de conversar atraíam muitas mulheres!... Mas ele sempre foi homem de uma só mulher!

– E o que o levou à morte, Guardião? – Ruth perguntou ao Guardião daquele ponto de força.

– Infelizmente, linda dama, minha forma de agir alimentou desejos carnais em algumas mulheres. Em consequência disso, uma das que visitavam meu palácio queria ter-me como seu homem, e, como não aceitei, ela plantou sentimentos ruins em seu peito. E o resultado foi que ela conseguiu enganar os soldados do palácio. E, em posse de uma arma de fogo, ceifou minha vida.

Ruth pensou, em seguida disse:

– Então, pelo que pude entender, o senhor não fazia o mal em vida... Por que seu espírito foi para as trevas, mesmo não indo em busca de sua morte?

– E quem disse que ele foi para as trevas, moça? – era o Guardião Sete Capas quem perguntava a Ruth.

– Mas ele não é um Guardião? Até onde pude entender, pelo que foi dito enquanto estivemos no cemitério, vocês, Exus Guardiões, serviam as trevas, até serem resgatados por seres de luz... Não foi isso o que disseram?

– Isso é um grande engano que muitos cometem, moça!... Achar que Exus eram pessoas do mal, saqueadores, abusadores, entre outras coisas! E que nossas grandes Guardiãs eram meretrizes, mulheres da vida!... Isso está errado! Não que esses não possam ser Guardiões ou Guardiãs! Somente nosso Ser Supremo sabe o destino de cada ser! Porém, assim como esse grande Exu ao nosso lado, muitos dos que evoluíram para serem aliados da esquerda nem sempre estiveram em negatividade quando em vida na carne! Alguns, após seu desencarne, escolheram seguir certos caminhos dentro da luz!... E falo isso com propriedade! Pois, quando foi iniciado e apresentado às forças Divinas, meu destino estava traçado para seguir junto aos sábios Guias que trabalham na direita! Como o velho e sábio Barnabé... Estava tudo preparado para que eu fosse direcionado para a mesma linha em que ele trabalha!... A linha dos Pretos-Velhos! Porém, mesmo sendo convidado para tal linha, sentia que minha caminhada era outra!

Então, naquele momento chorei, agradeci por ter sido aceito por Deus, mas disse a verdade quanto ao que vibrava em meu espírito!

– E o que vibrava em seu espírito, Guardião Sete Capas? – Ruth perguntou.

– Trabalhar nas encruzas da vida, moça! Desde que fui resgatado, comecei a ajudar diversos Exus em missões... Trabalhar junto a eles, ajudar os que estavam na carne, reverter oferendas para o bem, enfim... Tudo aquilo fazia bem ao meu espírito! E, foi isso que as forças Divinas viram no momento em que eu era iniciado. E hoje, sou grato por terem me direcionado para trabalhar como um Guardião.

Pasma com o que ouvira, Ruth disse:

– Peço desculpas, senhores Guardiões. Creio que interpretei tudo errado, achando que todos foram pessoas más quando em vida, não?

– Isso é normal, linda moça – era o Guardião daquele ponto de força quem falava com Ruth. – Já estamos acostumados com esses tipos de referências. Achar, pensar e dizer o que quer é um direito de cada um.

– Sim!... Mas também é um dever aceitar as consequências de suas ações e escolhas! – afirmou o Guardião Sete Capas.

– Bem – era Ruth quem falava. – Então, o senhor era um príncipe e foi morto por uma moça que a queria como companheiro, certo?

– Na verdade, ela não queria ter-me como companheiro, bela moça... Ela queria saciar seus desejos carnais! E como não aceitei, fui morto! Mas antes de fechar meus olhos, ordenei que minha fortuna fosse distribuída entre os vilarejos mais pobres... E assim foi feito.

– E como se tornou um Guardião?, se é que pode contar? – Ruth parecia gostar de ouvir as histórias dos Guardiões.

– Claro que posso!... Depois que deixei o corpo que mantinha meu espírito, fiquei perdido no plano terrestre por algum tempo, até que um grande Guardião veio ao meu encontro... Ele me levou até a presença de outro ser de luz, que me direcionou pelo plano espiritual. Então, depois de passar por diversos processos e limpeza em meu espírito, fiquei durante tempos no plano acima... Até que a nova crença foi apresentada aos olhos dos que estão na carne... Fiquei durante muito tempo acompanhando os Guias em Templos de caridade. Aprendi muito! E durante aquelas missões, ficava admirado em ver como os Guardiões trabalhavam. Então, de tanto observá-los, senti que também queria ser um Guardião... Aí, fui apresentado ao trono responsável por essa linda cascata... O trono da Deusa do Amor! Em seguida, fui direcionado ao trono de um Exu Maior, o qual me concedeu permissão para usar seu nome.

— E que nome seria esse, Guardião? — Ruth perguntou.

O Guardião ajoelhou-se diante a Ruth, pegou em suas mãos e disse:

— Exu do Ouro, bela moça!... E tenha certeza!... Sempre que precisar, pode contar com minha ajuda ou a de meus aliados!

Já um tanto sem paciência...

— Bem. Acho que já chega de conversa e palavras deslumbrantes, não é mesmo, meu amigo? — era o Guardião Sete Capas quem falava. — Já perdemos muito tempo! Essa moça precisa ser direcionada!

— Faremos como de costume, grande aliado?

— Creio que seja melhor. Como você recebe muitas ofertas em seu ponto de força, pensei que de alguma forma essa moça pudesse agir, visto que já o fazia, porém de forma negativa.

— Como disse... Será um honra ajudar essa linda dama, Guardião. Caso possam, voltem em sete dias da terra. Um senhor que é responsável por um templo virá aqui para fazer uma entrega com o filho de seu templo... Creio que seja o momento ideal para que ela possa ajudar.

— De acordo, companheiro. Voltaremos em sete dias! Enquanto isso, vou andar pelas ruas e apresentar a moça a outros aliados e aliadas.

— Como quiser, meu amigo. Estarei esperando — disse o Guardião Exu do Ouro.

O Guardião Sete Capas lançou seu espírito. Ruth o seguiu, até chegarem às ruas do plano terrestre. E, como não havia missões nas quais podia ajudar, o Guardião ficou a caminhar com Ruth, e aproveitava para apresentá-la a outros aliados e aliadas.

Durante a caminhada, Ruth perguntou ao Guardião Sete Capas:

— Há quanto tempo são aliados, o senhor e o Guardião do Ouro?

— Desde que ele ajudou-me em um resgate. Isso já faz uns dez anos do tempo da terra.

– Mesmo ele sendo um Exu Guardião, parece que age diferente dos outros que conheci. Até mesmo em sua forma de falar... Ele é um Guardião muito cortês, não? – Ruth perguntou com um leve sorriso em sua face.

–Ahh! Ele gosta de agir daquela forma porque sabe que eu não tenho muita paciência! – o Guardião disse de forma como se não houvesse mais o que fazer.

– Mas vocês pareceram ser grandes amigos, Guardião.

– E somos! Minha forma de ser não atrapalha a aliança que temos! Tanto ele como outros Exus sabem como sou! Eles compreendem minha essência e eu, as deles!... Mas não subestime aquele grande Exu, moça!... Você não tem ideia do que ele é capaz e as formas que pode plasmar em seu espírito quando se trata de executar o que é ordenando pela Lei Maior! Aquele que você viu é o Guardião Exu do Ouro fora de missões!... Espere até vê-lo agindo em missões!... Verá o quão cortês ele é com quem não segue a luz!

Ruth não entendeu perfeitamente o que o Guardião quis dizer.... Mas, tempos depois, entenderia.

Sete dias depois, Ruth e o Guardião voltaram ao ponto de força do Exu do Ouro.

Eles foram em direção à cascata, e o Guardião Sete Capas saudou seu aliado.

– Salve, Guardião do Ouro!

– Salve, companheiro! Sou imensamente grato...

– Está bem! Já sei! – disse o Guardião Sete Capas já sabendo o que iria ouvir. – Não precisa ficar repetindo, sempre que venho ao seu encontro... Diga, meu amigo... Será que hoje conseguiremos ajudar a moça?

– Claro, companheiro! – afirmou o Guardião do Ouro. – Ao anoitecer, um senhor que é responsável pelo templo virá aqui junto a um de seus filhos. O jovem quer fazer uma oferenda em sinal de gratidão. Na hora em que for ofertar, a moça poderá recolher a essência e retribuir.

– Então, vamos esperar! – disse o Guardião Sete Capas.

Um dia antes...

No dia anterior, um sábio senhor que era o responsável por um templo conversava com um de seus filhos.

– Bem, filho. Ainda tem o desejo de fazer a oferta nas cachoeiras?

– Mas o senhor disse que eu era muito novo na religião. Que preciso de mais conhecimento... Não disse? – perguntou aquele jovem iniciante na crença.

– Sim!... Disse!... Mas estava errado!... Enquanto eu, um mero mortal, achava que você era muito novo na religião para tal ato, os Guias mostram-me que não existe tempo de casa para fazer um agradecimento! Então, peço desculpas a você, filho. E estou disposto a lhe acompanhar amanhã, para que possa fazer seu agradecimento. Além disso, preciso lhe mostrar como se deve entrar em um ponto de força.

No dia seguinte, aquele médium novato, porém com um grande amor pela religião, foi ao encontro do senhor que era o responsável pelo templo. E, após cumprimentá-lo, disse...

– Meu pai não tinha muito dinheiro para tudo o que eu queria comprar. Só pude comprar isso... Uma rosa – disse aquele jovem um tanto triste.

– Está fazendo por amor, filho? – perguntou o senhor que era o responsável pelo templo.

– Sim – afirmou o jovem com lágrimas em seus olhos.

– Então, não é só isso!... É tudo isso!... Não importa o tamanho de sua oferta!... O que importa para os Orixás é sua fé e amor!

Naquela noite, os dois foram em direção ao ponto de força do qual o Exu do Ouro era o responsável. Lá, além dele, também estavam o Guardião Sete Capas e Ruth.

Assim que aquele senhor e o jovem se aproximaram da cascatas, o Guardião do Ouro disse:

– Ali estão eles!

– Já sabe o que fazer, não sabe, moça? – perguntou o Guardião Sete Capas a Ruth.

– Sim, Guardião. Assim que ele estiver entregando sua oferta, me aproximarei da cachoeira, fecharei meus olhos e tento mentalizar amor. Quando sentir meu espírito irradiado, volto, recolho a essência do que foi ofertado e irradio sobre aquele jovem as forças desta linda cachoeira... Estou certa?

– Certíssima, moça! – afirmou o Guardião Sete Capas e perguntou: – Consegue mentalizar amor ou se lembrar de quando o sentiu?

– Quando estava em vida na carne sentia amor por minha mãe, meus filhos, por meu companheiro José e meus tios... Será que isso ajuda?

– Se é o que vibra em seu espírito, faça!

Sem pensar muito e já disposta a fazer o bem, Ruth aproximou-se da cascata, ajoelhou-se, fechou seus olhos e pensou naqueles que um dia despertaram seu amor ainda em vida.

Ainda pensando em quando sentia amor em vida, Ruth derramou algumas lágrimas. E o motivo era por estar sentindo seu espírito sendo irradiado pela força do Orixá responsável por aquele ponto de força.

Certa de que Ruth já estava pronta, o Guardião do Ouro foi a seu encontro.

– Pelo que posso sentir, já pode emanar coisas boas para aquele jovem, moça... Venha. Vamos nos aproximar dele.

Já próximo ao jovem...

– Bem – era o Guardião Sete Capas quem falava. – Eles já saudaram o Guardião responsável por esse ponto de força e também já pediram licença. Agora, o jovem vai fazer seu agradecimento, prece, em seguida vai ofertar a rosa que está em suas mãos. Então, assim que ele começar a prece, já comece a irradiar sobre ele... Compreendeu?

– Sim, Guardião – Ruth disse, já estando certa do que fazer.

Pouco tempo depois...

– Bem, filho – era o senhor responsável pelo templo quem falava com o jovem. – Já lhe ensinei como saudar as forças aqui presentes. Agora é com você!... Faça o que vibra em você. Em seguida, coloque a rosa próximo à cachoeira.

Mesmo com pouco conhecimento, mas com muita fé, aquele jovem ajoelhou-se naquele ponto de força, e, em poucas palavras, fez seu agradecimento.

– Obrigado por tudo o que fez e faz por mim, Mãe, Deusa do Amor! – e iniciou uma prece.

– Agora é com você, moça – era o Guardião Do Ouro quem falava. – Aproxime-se dele... Agora direcione sua mão esquerda para o coração dele. – Ruth ajoelhou-se diante do jovem e direcionou sua mão. – Agora, da mesma forma que fazia para emanar de forma negativa aos que estavam na carne, faça com esse jovem! Porém, vibrando de forma positiva!... Irradie sob ele o que recebeu da Deusa do Amor – pediu o Guardião de Ouro.

Ruth tentou, mas no início não conseguiu.

– Tenha fé, moça! – era o Guardião Sete Capas quem falava. – Deixe que a força que tomou seu espírito irradie sobre esse jovem.... Acredite!... Apenas sinta que quer fazer o bem e deixe o amor emanar em seu espírito!

Naquele momento, Ruth pensou em algo. Se daria certo, não sabia... Mas mesmo assim iria tentar.

Ainda com uma de suas mãos direcionadas para aquele jovem, Ruth mentalizou algo... Foi o suficiente para que o jovem começasse a ser irradiado.

Sem saber ao certo o que sentia, com medo, o jovem se dirigiu ao senhor que estava ao seu lado...

– Senhor!... Vamos embora, por favor! – pediu aquele jovem com certo temor em seu corpo.

– Mas por que, filho? Você ainda precisa ofertar a rosa.

– Não quero ficar aqui! Estou com medo! Sinto coisas estranhas em meu corpo!

– Está dando certo! – era o Guardião do Ouro quem falava.

– Não pare, moça! – disse o Guardião Sete Capas.

– Mas ele está com medo! – disse Ruth.

– Isso é normal! Ele está sentindo o que você está passando a ele!... Continue.

– Filho – era o senhor ao lado do jovem quem falava. – Não precisa ter medo. O que está sentindo é o Axé e o agradecimento do Orixá deste ponto de força... Fique calmo... Estou com você!

– Minhas mãos estão trêmulas, senhor! – disse o jovem ainda com certo medo.

– Acalme-se... Já fez sua prece?

– Sim!

– Muito bem! Agora pegue a rosa e deixe naquele local. Ali é onde todos podem colocar suas ofertas.

Ainda com certo medo, aquele jovem levantou-se e começou a caminhar.

– O que faço agora, Guardiões? – Ruth perguntou.

– Fique ao lado dele, moça. Continue emanando o amor que está em seu espírito! – disse o Guardião do Ouro.

O jovem já estava próximo à cachoeira. Chorando de forma descontrolada e sendo amparado pelo senhor ao seu lado, ofertou a rosa no local indicado, voltou até as cascatas, abriu seus braços, deu dois passos à frente e adentrou nas águas de nossa Sagrada Mãe do Amor.

Ruth estava próximo. Ao mesmo tempo em que aquele jovem chorava e agradecia, ela também chorava. E o motivo era por sentir que, depois de tempos sendo "obrigada" a fazer o mal, ainda sem muito conhecimento, conseguiu emanar de forma positiva e irradiou amor ao jovem que fora ofertar não "apenas" uma rosa... Mas também seu amor.

Passaram-se alguns minutos. De olhos fechados, Ruth chorava, agradecia por ter sido resgatada, por estar ao lado de seres de luz, por poder fazer o bem, por estar sentindo aquela força em seu espírito... Enfim... E, após chorar e agradecer, mesmo sem saber ao certo quem era o Orixá daquele ponto de força, pediu para que não mais sentisse medo em seu espírito, que seu passado não mais fizesse parte de seu presente e que, de alguma forma, um grave erro que cometeu quando em vida pudesse ter uma solução, para que não mais carregasse aquele peso.

"Ruth sabia qual era o Orixá ali presente?... Não sabia... Seria apresentada àquela força em sua iniciação?... Não... Porém, mesmo aquele Orixá não sendo o responsável pela coroa de Ruth, o que estava sendo visto naquele momento era a fé, o arrependimento e a vontade em ajudar que Ruth emanava. Porém, um dos pedidos de Ruth, o de ter uma solução para um grave erro que cometera em vida, não seria solucionado por um Orixá e por um Ser de luz... Com o passar dos tempos, até mesmo depois de sua iniciação, Ruth teria uma certeza.... A de que ela mesma teria de fazer algo para não mais sofrer pelo que cometeu."

Ruth não soube precisar por quanto tempo ficou em prece nas cachoeiras. Porém, sem saber o que acontecia, perdeu seus sentidos e caiu.

De Volta ao Cemitério

Sem saber o que havia acontecido e por quanto tempo ficara sem seus sentidos, Ruth foi despertando. E, assim que abriu os olhos, viu que ao seu lado estavam o Guardião Sete Capas, Exu do Ouro, Pai Barnabé e Inácio... O Guardião Tranca-Rua.

– Onde estou? – perguntou Ruth ainda um tanto desorientada, deitada ao solo.

– Você está em um cemitério, filha – era Barnabé quem falava. – Consegue se levantar?

– Sim... O que aconteceu? Há pouco, eu estava em uma cachoeira com os Guardiões! Tentava ajudar um jovem!... Agora estou em um cemitério?! – Ruth disse, sem nada entender.

– Acalme-se, filha... Vamos por partes... Você conseguiu ajudar o jovem!

– Ele está bem?

– Duvido que não esteja – era o Guardião Sete Capas quem falava. – Depois de tudo o que você irradiou sobre ele e do axé que ele recebeu nas cachoeiras.

– E por que estou aqui?... O que aconteceu?

– Bem – era Barnabé quem falava. – Pelo que pude entender dos Guardiões, você pedia para ajudar aquele jovem, porém, pediu por você também... não pediu?

– Sim!... Mas por que saí de lá e vim para este cemitério?

– Porque perdeu seus sentidos, filha. E como estava demorando a recobrá-los, os Guardiões a trouxeram para cá.

Naquele momento, Ruth tinha feição de não estar entendendo nada.

– Tentarei explicar da maneira mais simples possível, filha... Quando você estava ajudando aquele jovem, sem saber ao certo o que iria acontecer, pediu por você também. E, como a vontade em ajudar e seu arrependimento falaram mais alto, nosso Pai Maior foi misericordioso e fez com que sua força Divina que ali estava tomasse seu espírito e atendesse seu pedido... Mas você se apegou demais naquela vibração, filha... Por isso perdeu seus sentidos – Barnabé disse sorrindo.

– O senhor está querendo dizer que, quando pedi perdão por tudo o que havia feito e para que esquecesse meu passado, Deus escutou e perdoo-me?

– Não vamos falar em perdão, filha. Aceite como alívio em seu espírito o que aconteceu. Essa é a forma como nosso Pai Maior atua nos seres, para que seu passado possa ficar oculto... Mas não dependente somente d'Ele e de suas Forças Divinas!... Precisamos fazer nossa parte também. Manter nosso equilíbrio e caminhar junto à luz... Compreendeu?

– Claro, senhor – disse Ruth, sorrindo.

– Muito bem... Agora preciso fazer uma pergunta a você... Como conseguiu ajudar aquele jovem?

– Bem. O Guardião Sete Capas disse que eu só precisava desejar fazer o bem e sentir amor em meu espírito... E foi o que fiz. – Ruth falava com feição de felicidade.

– E como fez para sentir amor? – Barnabé realmente não sabia. Mas precisava saber como Ruth fizera.

– Bem. No início, eu não estava conseguindo. Então, tentei me lembrar de coisas que fizeram com que o amor acendesse em mim quando estive em vida na carne... Pensei em minha mãe, meus filhos, meu companheiro e todos que um dia amei.

Com feição de felicidade, Barnabé disse:

– Preciso confessar... É a primeira vez que escuto algo do tipo.

– Cometi algum erro, senhor? – Ruth perguntou preocupada.

– Tenha certeza de que não!

Eles continuaram conversando por mais um tempo, quando Barnabé notou que Ruth observava tudo à sua volta.

– Está tudo bem, filha?

– Sim... É que me sinto muito bem em um cemitério – disse Ruth com um leve sorriso em sua face.

– Sinta-se à vontade para andar por esta calunga, filha.

– Mas não preciso pedir permissão ao Guardião daqui?

– Não. O Exu que era o responsável por este cemitério foi convidado para seguir novos caminhos. Logo, aqui não há um Guardião fixo. Porém, outros Guardiões revezam entre si para proteger este ponto de força e os mistérios que aqui existem. Então, fique à vontade para caminhar – e, lembrando-se do punhal que Ruth tinha como arma de proteção e já imaginando seu futuro, Barnabé decidiu fazer algo que já estava outorgado pela Lei: – Mas, antes que vá, preciso fazer algo por você... Poderia por favor colocar seu punhal próximo ao Cruzeiro das Almas?

– Claro, senhor. – Ruth concordou, mesmo sem entender o porquê daquele pedido, pois sentia confiança em todos que ali estavam.

Ruth plasmou seu punhal e colocou-o próximo ao Cruzeiro. Em seguida, Barnabé iniciou uma saudação em forma de canto.

– O que ele está fazendo? – Ruth perguntou aos Guardiões.

– Está invocando a força de um Orixá – disse o Guardião Exu Sete Capas.

– Mas não entendo nada do que ele canta!... Por que ele está cantando nessa língua estranha?

– Essa é forma como os negros saudavam os Orixás. Ele está saudando como seus ancestrais faziam. Por isso que você não consegue entender... Essa é a língua de suas origens.

O Guardião estava certo. Naquele momento, entoando cantos como seus ancestrais faziam e como fazia quando trabalhava em um engenho, Barnabé saudava a força do Senhor das Almas.

Enquanto Barnabé saudava a força daquele Orixá, luzes em forma de cruzes saíam do Cruzeiro das Almas, indo em direção ao punhal que estava no solo.

Ruth estava pasma, mas não fazia ideia do que acontecia naquele momento. Não podia nem imaginar a força que seu punhal estava recebendo.

Algum tempo depois, já no final daquela linda louvação, as luzes juntaram-se e tomaram o punhal que estava próximo ao Cruzeiro das Almas. E, ao findar, Barnabé se dirigiu a Ruth...

– Já pode pegar seu punhal, filha.

– O que aconteceu, senhor? – Ruth perguntou sem saber o que havia acontecido.

– Apenas posso dizer que seu punhal não carrega mais negatividade. A força do Senhor das Almas agora faz parte de seu punhal... Por quê?... Para ser usado para o bem e como arma de proteção!... Mas sempre dentro da Lei!... Confesso que nem sempre é assim. Geralmente, um ser só recebe sua arma de proteção quando inicia seus trabalhos na luz, após sua iniciação... Por que aconteceu antes com você?... Simples... Mostrou arrependimento e grande vontade em seguir pelos caminhos de luz. E, assim como a força que irradiou em seu punhal, eu também estou certo de que sua vontade é grande e que não quer voltar à vida em que estava... Porém, não fui eu quem irradiou esse poder que está em seu punhal. Da mesma forma que o Senhor das Almas concebeu, pode tirar, caso desvie-se de seu propósito... Fui apenas um instrumento para invocar essa grande força... Agora vá conhecer essa imensa calunga. – disse Barnabé, já pensando no futuro de Ruth.

Palavras do Preto-Velho:
"Tempos depois, a Guardiã confessou que não entendeu nada naquele momento. Mas mesmo assim agradeceu e foi caminhar pelo cemitério".

Enquanto Ruth caminhava pelo cemitério, Barnabé aproveito para dialogar com os Guardiões:

– Senhores Guardiões, confesso que não esperava por isso. Nos meus planos, Ruth ficaria ao lado de vocês e das moças, até que eu recebesse outorga para direcioná-la a algum lugar onde seu espírito seria limpo das mazelas que nele existia. Porém, a fé e vontade em ajudar que Ruth teve foram tão grandes que isso aconteceu nas águas de nossa Sagrada Mãe das Cachoeiras!

– Eu havia comentado isso com meu aliado Sete Capas, senhor – era o Exu do Ouro quem falava. – Se levarmos em consideração o tempo do plano terrestre, a moça ficou sem seus sentidos por quase dois dias próximo à cachoeira. Mas, como vimos que ela estava bem e que seu espírito passava por mudanças, deixamos, até que não vimos mais nada acontecer.

– Agiram com sabedoria, senhores!... Mas, além disso... Notaram outras mudanças em Ruth?

– Não – era o Guardião Exu Sete Capas quem falava. – O que mais nos preocupa é o fato de às vezes ela ficar distante. Sua feição muda, parece se cobrar por algo... Mas evitamos falar sobre. Não sabemos até que ponto isso pode ajudar ou atrapalhar... Eu até tentei dialogar quando notei uma mudança repentina na moça. Mas, como ela mesma disse para que não me preocupasse, preferi não forçar.

– Creio que tenha sido melhor assim, filho.

– Bem – o Guardião Tranca-Ruas. – Então, creio que houve mudanças nos planos quanto a como devemos agir com Ruth, não? Se seu espírito já não carrega mais vibrações negativas, talvez em breve ela possa ser apresentada a um Orixá... Ou estou enganado, senhor?

– Pode até estar certo, filho. Porém, antes, precisamos saber se Ruth realmente ocultou seu passado. Temos de ter certeza de que ela não carrega mais ódio dos que foram homens na carne.

– E como saberemos isso? – perguntou o Guardião Tranca-Ruas.

– Talvez o grande Guardião do Ouro possa ajudar-nos.

– É só falar como, senhor – disse o Guardião Exu do Ouro.

– Consegue plasmar em seu espírito sua última vida que teve na carne?

– Quando fui um príncipe?... Essa é a forma que consigo plasmar mais facilmente, senhor.

– Ótimo! Então, plasme em seu espírito a vida que teve como príncipe e vá ao encontro de Ruth. Tente dialogar, seja cortês, elogie-a e tente tocar seu espírito.

– Creio que já entendi – era o Guardião Tranca-Ruas quem falava. – Caso ela ainda não tenha esquecido completamente seu passado, não deixará que um estranho a toque... Seria isso?

– Exatamente, filho!

– Farei isso, senhor – era o Guardião Exu do Ouro quem falava. – Só espero que ela não se lembre de que fui um príncipe quando em vida na carne. Pois contei a ela.

– Creio que não, filho. Porém, só saberemos tentando.

– Só um conselho, meu amigo – era o Guardião Exu Sete Capas quem falava. – Fique atento às mãos dela! Se, por acaso, ela achar que você é um espírito caído e está com más intenções, não pensará duas vezes em plasmar seu punhal e cravar em seu espírito!

– Ficarei atento, companheiro.

Naquele momento, o Guardião Exu do Ouro plasmou em seu espírito sua última vida que teve na carne e foi ao encontro de Ruth, que ainda caminhava pelo cemitério... Parecia gostar da vibração que ali existia.

Algum tempo depois, o Guardião, já plasmado em sua forma de Exu, apareceu de forma repentina próximo aos demais.

– Fiz como o senhor pediu. Conversei, fui cortês, disse que ela era uma linda moça e tentei aproximar-me para tocar em seu espírito.

– E ela deixou? – Barnabé perguntou.

Balançando a cabeça de forma negativa, o Guardião respondeu:

– Ainda bem que meu companheiro Sete Capas orientou-me. Se eu não lançasse meu espírito, ela teria cravado aquele punhal em mim!

– Isso quer dizer que ela não esqueceu totalmente o passado. – disse o Guardião Tranca-Ruas.

– Bem – era Barnabé quem falava. – Se Ruth tiver de carregar isso em sua essência, não há muito que possamos fazer.

– Até porque muitos de nós carregamos em nossa essência desejos e ações da vida que tivemos na carne – disse o Exu do Ouro.

– Nosso companheiro Sete Capas que o diga... Não é mesmo? – disse o Guardião Exu Tranca-Ruas e deu uma leve gargalhada.

– Confesso que já tentei mudar, meu amigo... Mas para mim não é tão fácil! – afirmou o Guardião Exu Sete Capas.

– O importante é o trabalho que faz dentro da lei, filho – era Barnabé quem falava. – O que carrega em sua essência é compreensível aos olhos de nosso Ser Supremo. Assim como o que Ruth também carrega... Caso ela seja apresentada para ser mais uma aliada à esquerda, tenham certeza!... O fato de ela não gostar que estranhos se aproximem não interferirá.

– Também acho... E o que faremos a partir de agora, senhor? – perguntou o Guardião Exu Sete Capas.

– Continuem levando Ruth para que possa ajudar em missões. Quanto mais ajudar dentro da Lei, melhor será para seu espírito.

– Faremos isso, senhor... E quanto à casa que não estava agindo de acordo com a lei?... Ainda continua?

– Infelizmente nada mudou, filho. Por mais que seres de luz tenham tentado ajudar, a ganância está falando mais alto do que a caridade – Barnabé lamentou.

– Então, devemos agir ou aguardar suas orientações?

– Melhor aguardarmos. Seres de luz ainda estão tentando mudar os pensamentos dos filhos que ali frequentam, bem como também do responsável. Caso percebam que não terão sucesso, não teremos alternativa, a não ser pedir para que Guardiões façam a execução!

– Bem. Caso precise, estamos dispostos a ajudar! – afirmou o Guardião Tranca-Ruas.

– Da forma que está caminhando, creio que precisaremos da ajuda de vocês... Mas nesse momento precisamos focar em Ruth. Peço que continuem a ajudá-la.

– Tem nossa palavra, senhor. Faremos de tudo para ajudar a moça!

– Obrigado, filho – Barnabé agradeceu. E, depois de ficar em silêncio por alguns segundos, disse: – Preciso fazer mais um pedido... Caso possam deixar aliados em seus pontos de força, o façam... É melhor que vocês três acompanhem a jovem Ruth – e, após saudar todos, Barnabé partiu por um portal que abrira próximo ao Cruzeiro das Almas.

– Por que será ele disse isso? – era o Guardião Exu Do Ouro quem perguntava.

– Conheço aquele sábio há muito tempo, meu amigo – era o Guardião Exu Sete Capas quem falava. – Se ele disse, precisamos ficar atentos!... Mas creio que o motivo seja a forma como a moça age com estranhos.

– Ele está certo – Guardião Exu Tranca-Ruas concordou. – Por causa do que passou em vida, Ruth ainda carrega certo ódio... Por isso não deixa que estranhos se aproximem... Se não ficarmos atentos, ela pode cravar seu punhal no primeiro que tentar se aproximar dela.

Os Guardiões conversaram por mais um tempo. Em seguida, foram ao encontro de Ruth.

– Como está, moça?

– Estou muito bem, Guardião Sete Capas. Não sei o porquê, mas sinto-me segura e amparada quando estou em um cemitério.

– Aqui é onde também reina a força do Senhor das Almas... Deve ser por isso.

– E quem é o Senhor das Almas?

– Caso esteja em seu destino, talvez conheça essa grande força... Por enquanto preocupe-se com sua evolução! Vamos caminhar pelas ruas. Nós a colocaremos em algumas missões para que possa ajudar dentro da Lei!

– Estou de acordo, senhores Guardiões.

Aprendendo a Receber Oferendas. A Evolução Continua

Ao lado dos Guardiões, Ruth caminhava pelas ruas do plano terrestre. E, enquanto caminhavam, ela conhecia outros Guardiões e Guardiãs.

Em determinado momento daquela caminhada na noite, todos pararam em uma encruza onde havia outro Guardião.

– Boa noite, meu amigo – era o Guardião Exu Sete Capas quem saudava o Guardião daquela encruzilhada.

– Salve, companheiro.

– Sou falangeiro do Exu maior denominado como Guardião Exu Sete Capas. Estes são meus aliados... Exu do Ouro e Tranca-Ruas!

– Salve, companheiros!... E quem é a moça, Guardião?

– Seu nome é Ruth. Foi resgatada. Temos outorga da Lei para direcioná-la e colocá-la em missões. Por enquanto, estamos deixando que receba o que é ofertado dentro da Lei e, caso notemos que quem está ofertando mereça, a moça já sabe como retribuir.

– Estou disposto a ajudar, companheiros. Logo virá uma pessoa para fazer um agradecimento aqui nesta encruza... Já têm minha permissão para deixar que a moça receba o que for ofertado.

– Somos gratos, meu amigo.

Todos ficaram naquela encruza, até que, algum tempo depois, avistaram uma mulher acompanhada de seu companheiro caminhando em direção àquela encruzilhada.

– Ali está ela, companheiros. Aquela é a moça que fará seu agradecimento – disse o Guardião daquela encruza.

Assim que o casal chegou à encruza, saudaram para fazer a oferta.

– Agora é com você, moça – era o Guardião Exu Sete Capas quem falava com Ruth. – Aprenderá algo diferente. Assim que ela começar a ofertar, direcione sua mão esquerda, sinta o desejo de puxar toda a essência da oferta para seu espírito. Assim que conseguir, faça da mesma forma como fez com o jovem nas cachoeiras. Direcione sua mão a ela e retribua a oferta com a essência que estiver em seu espírito... Compreendeu?

– Sim, Guardião. Confesso que não estou segura, mas estou confiante. Tenho fé de que serei ajudada pelas Forças Divinas. Mesmo ainda não as conhecendo.

– Isso é o suficiente, moça!... Ter fé! – afirmou o Guardião Tranca-Ruas.

Ruth estava atenta. Esperava o momento certo para seguir conforme o Guardião havia orientado, quando, segundos depois, sentiu uma vibração estranha próximo de onde estavam. E, ao olhar para o outro lado da encruza, viu que lá estava um ser desconhecido.

– Guardiões. Conhecem aquele ser do outro lado? – Ruth perguntou desconfiada.

– Não se preocupe com ele, moça – era o Guardião Exu Sete Capas quem falava. – Deve ser algum iniciante das trevas ou algum perdido procurando alimentar seu espírito... Ele não fará nada!... Atente-se em sua missão!... Compreendeu? – o Guardião Exu Sete Capas perguntou, mas não teve sua resposta. – Compreendeu, moça? – o Guardião perguntou novamente olhando para o lado em que Ruth estava, mas não a viu.

Então, naquele momento, todos ouviram:

– O que está fazendo aqui, maldito trevoso?!!

Foi aí que os Guardiões olharam para o outro lado da encruza. Lá estava Ruth. Afrontando aquele ser desconhecido... Ela havia lançado seu espírito. Em fração de segundos já estava perto dele.

– Vamos!!! Responda!!! Antes que eu crave meu punhal em seu espírito!!! – Ruth falava de forma séria com aquele Ser.

– O que aquela desorientada está fazendo?!! – era o Guardião Exu Sete Capas quem perguntava, indignado.

– Não sei. Mas acho melhor interferirmos antes que aconteça o pior! – disse o Guardião Tranca-Ruas.

Rapidamente, os Guardiões lançaram seus espíritos... Mas não puderam evitar o que Ruth iria fazer.

Sem ao menos dar tempo para que aquele ser desconhecido dissesse por que estava ali, Ruth cravou seu punhal no peito dele, fazendo com que seu espírito fosse lançando ao solo.

– O que deu em você, sua desorientada?!! – era o Guardião Sete Capas quem indagava Ruth.

– Ele é um trevoso, Guardião! – Ruth afirmou olhando para aquele ser desconhecido, que agonizava com o punhal em seu espírito.

– Ele não é um trevoso!!!... Ande!!!... Tire o punhal do peito dele!!! Vai esgotá-lo!!

Ainda desconfiada, Ruth tirou seu punhal do peito daquele ser.

– Levante-se! – pediu o Guardião Tranca-Ruas ao ser desconhecido. – O que faz aqui?

– Peço desculpas, senhores Guardiões! – pediu o ser desconhecido, um tanto temeroso e fraco. Mas não disse o motivo de estar ali.

– Estava em busca de algo para alimentar seu espírito!... Foi isso o que veio fazer, não?

– Sim, senhor Guardião – afirmou ele ainda temeroso, depois de ficar em silêncio por alguns segundos.

– Pois, então, meu amigo, não é aqui e nem com aquele casal que conseguirá alimentar seu espírito! Aquela entrega está sendo feita dentro da Lei!... Seria muito sensato se tomasse outro rumo!

Aquele ser não pensou duas vezes. Em fração de segundos sumiu.

Ainda indignado, o Guardião Exu Sete Capas indagou Ruth...

– Você ficou louca?!!... Por que fez aquilo com ele?!!

– Porque ele é trevoso e ia se alimentar do que estava sendo ofertado!!! – Ruth afirmou com certo ódio em seu espírito.

– Trevoso?!!... De onde tirou essa conclusão?!! – o Guardião Sete Capas parecia estar em seu limite.

– Você mesmo disse que ele era um trevoso, Guardião! – Ruth ainda falava com certo ódio.

— Eu não disse isso!!!. Disse que ele poderia ser um iniciante das trevas ou algum perdido!!!... Você entendeu tudo errado!!!

Naquele momento, o Guardião responsável por aquela encruza aproximou-se.

— Companheiros. A entrega já foi feita. Tive de receber, pois eles não iriam ficar por muito tempo.

— Agradecemos sua ajuda, meu amigo — disse o Guardião Sete Capas.

— Caso eu possa ajudar, será um prazer — e voltou para o outro lado da encruza.

Olhando de forma séria para Ruth, o Guardião Sete Capas disse:

— Preste atenção no que vou lhe dizer, moça!... Quando for receber algo dentro da Lei, precisa estar atenta!... Não poder sair por aí cravando seu punhal no primeiro trevoso que aparecer! Além do que, esse punhal carrega a força do Senhor das Almas!!!... Por acaso sabe qual seria o destino daquele ser, caso não estivéssemos aqui?!... Não!! Não sabe!!!... Você poderia tê-lo esgotado sem precisão! Estava cobrando algo sem ao menos saber se ele iria fazer ou não!... Para agir contra um ser desconhecido, precisa estar certa do que está fazendo! Caso contrário, poderá prestar contas com a Lei Maior! Além disso, antes de agir, precisa ter calma! Precisa saber negociar! Muitos deles aceitam!!!

— Olhe quem está falando em ter calma e saber negociar... A paz em espírito — disse o Guardião-Tranca-Ruas e deu uma leve gargalhada.

— Estou trabalhando esse lado, companheiro.

— Conhecemos sua essência, meu amigo. Pode continuar orientando a moça.... Mas eu não podia perder essa.

— Bem — era o Guardião Exu Sete Capas quem falava com Ruth. — Como eu disse, antes de agir, tente negociar. Seu punhal carrega grande força! Se não souber usá-lo, pode fazer algo sem ordenança da Lei... Compreendeu?

— Sim, Guardião. Peço desculpas. Achei que ele fosse um trevoso.

— Não precisa se desculpar. Apenas siga as orientações... A nova crença precisa de aliados! E depois de tudo o que vi, tenho comigo que seria um desperdício não tê-la entre nós!... Você tem fé e vontade em ajudar!

– Obrigada, Guardião. Mas perdi a chance de fazer o bem. Não consegui receber o que foi ofertado.

– Oferta é o que não falta, moça!... Agora vamos caminhando.

Conhecendo a Guardiã Rosa Negra

Durante a caminhada, Ruth conversou com os Guardiões. Disse que se sentia grata em estar ao lado deles e por estar aprendendo missões nas ruas. Porém, não deixou de dizer a energia que sentia quando estava em um cemitério.

Certo de como poderia continuar ajudando Ruth graças à sua narrativa e com quem contaria o Guardião Sete Capas pediu que todos o seguissem.

Eles lançaram seus espíritos. Em pouco tempo estavam dentro de um cemitério. Onde, até aquele momento, somente o Guardião Sete Capas conhecia.

– O que viemos fazer aqui, Guardião? – Ruth perguntou ao Guardião Sete Capas.

– Pedir ajuda a uma Guardiã.

Eles caminharam ruma a determinada parte daquela calunga, até que encontraram a Guardiã que era responsável por aquele ponto de força... Ela estava envolta por um longo vestido preto e vermelho. Preso a ele havia um véu negro e um punhal. Sua face estava oculta por outro véu.

– Salvem suas forças, Guardiã Rosa Negra!... Boa noite... Peço licença para permanecermos em seu ponto de força.

– Olá, Guardiões! São bem-vindos.

– Esses são meus aliados... Exu do Ouro e Guardião Tranca-Rua.

– Salve, Linda Guardiã Rosa Negra – era o Guardião do Ouro quem a saudava.

– Boa noite, Guardiã – saudou o Guardião Tranca-Ruas. – Sou grato por termos uma Guardiã com tal força como aliada!

– Obrigada, Guardiões – Rosa Negra agradeceu. Em seguida, se dirigiu a Sete Capas. – E quem é a desconhecida, Guardião Sete Capas?

– Seu nome é Ruth. Foi resgatada. Estamos mostrando a ela como é o trabalho dos Exus e Moças. E como já conheço sua forma de trabalhar e quem a rege, decidi trazê-la aqui, pois ela disse sentir grande força em seu espírito quando está em um cemitério. Até já ajudou em algumas missões... Mas nas ruas. Ela tem um punhal! Ele contém a força do mesmo Orixá que a regeu, Guardiã. Então, em virtude dessa ligação e por já carregar parte da força deste grande Orixá, a trouxemos aqui.

– Compreendi, Guardião... Bem, caso tenham outras missões, podem seguir para executá-las. Enquanto isso, mostrarei a Ruth qual minha função neste cemitério. E, caso apareça alguma oferta, deixarei que Ruth receba... Creio que um senhor virá aqui hoje com alguns filhos de seu templo para fazerem agradecimentos.

– Somos gratos, Guardiã Rosa Negra... Só peço que fique atenta caso algum espírito desconhecido tente se aproximar do cemitério. Essa moça não pensa duas vezes para usar seu punhal – o Guardião alertou.

– Pode ficar tranquilo, Guardião – era Ruth quem falava. – Não agirei mais de tal forma.

– Quando for preciso, deverá agir! Porém, neste momento, creio que a Guardiã Rosa Negra precisa estar ciente. Infelizmente, você ainda carrega certo ódio por tudo que passou. E, enquanto não tivermos certeza de que realmente mudou, temos de ficar atentos!... O que carrega em sua essência talvez possa não mudar. Mas, caso consiga ocultar seu passado, já será um grande passo.

– Sei disso, Guardião. Estou tentando. Mas confesso que não é fácil – Ruth lamentou.

– Caso sirva de consolo... Já estou há muito tempo trabalhando como Guardião. E durante todo esse tempo, venho trabalhando para que meu passado e minha essência da carne não vibrem em meu espírito!... Mas o importante é que faço meu trabalho dentro da Lei... Assim disse o velho e sábio Barnabé... Seu passado nunca mudará, moça! Mas, caso consiga ocultá-lo, sua evolução será mais rápida!

– Obrigada pelas palavras, Guardião. Farei de tudo para que meu passado fique oculto.

– Estamos todos confiantes! – disse o Guardião Tranca-Ruas.

– Bem – era o Guardião Sete Capas quem falava com a Guardiã Rosa Negra. – Mais uma vez agradeço sua ajuda, Guardiã – e se dirigiu a Ruth: – Nos vemos em breve, moça... Boa noite.

Os Guardiões lançaram seus espíritos para fora do cemitério. Ruth ficou na presença da Guardiã Rosa Negra.

"Enquanto Ruth estava junto à Guardiã Rosa Negra, os Guardiões foram para outras missões. Mas também foram ter com Barnabé para falar sobre Ruth."

– Bem. Se foi trazida pelos Guardiões, creio que esteja disposta a evoluir, não é mesmo? – Guardiã Rosa Negra perguntou a Ruth.

– Sim, Guardiã. Mesmo sem saber ao certo o que é evolução, quero ser ajudada por vocês, espíritos de luz... Não posso negar que errei quando em vida. Fiz uma escolha e paguei por ela... Mas pode estar certa!... Não quero mais passar por tudo o que passei em espírito!... Muito menos ficar próxima daquele que um dia chamei de pai!... Aquele monstro fez coisas horríveis comigo! Por causa de tudo o que aconteceu, minha mãe foi condenada à morte para salvar minha vida!

Desconfiada do que havia acontecido quando Ruth esteve em vida na carne, a Guardiã Rosa Negra resolveu mudar de assunto.

– Bem. Não é preciso que fale sobre isso, Ruth. Quanto menos lembrar de seu passado, melhor será.

– Farei isso, Guardiã Rosa Negra.

– Pode me chamar apenas de Guardiã ou Rosa Negra... Então, pelo que pude entender, quando está em um cemitério, você sente a vibração que nele existe... Estou certa?

– Já fui em outros pontos de força com os Guardiões. Também pude sentir. Mas não posso negar a força que sinto quando estou em um cemitério.

– Isso é bom. Pode estar relacionado ao seu futuro, caso seja iniciada... Mas agora não é hora de falar sobre isso.

– Tudo bem, Guardiã... E qual sua missão neste cemitério?... Poderia dizer?

Desconfiada de que Ruth poderia trabalhar sob regência do Orixá das Almas, até porque seu punhal já carregava tal força, a Guardiã Rosa Negra decidiu falar um pouco sobre sua missão, uma vez que estava regida pelo mesmo Orixá.

– Além de proteger esses espíritos que estão caminhando pelo cemitério, cuido para que espíritos caídos não saiam de onde estão.

– E por que esses espíritos estão aqui dentro do cemitério? Vejo que alguns deles parecem estar perdidos.

– E estão!... Muitos deles não acreditam que não vivem mais na carne. Então, ficam aqui tentando encontrar uma solução para tal situação ou até mesmo tentando tirar seus corpos carnais de suas sepulturas.

– Nossa! Isso é muito triste!... E você não pode fazer nada para ajudá-los?

– Isso é o que mais faço, Ruth... Mas não é fácil para um ser perdido aceitar que não vive mais na carne. Porém, tão logo aceitam sua realidade, outros espíritos de luz os direcionam para o plano espiritual.

– Compreendi... E há quanto tempo está nessa missão?

– Bem. Olhar pelos que estão perdidos faço há pouco tempo. Pois quando fui iniciada, recebi a missão de vigiar espíritos caídos... Por isso carrego o nome da Guardiã Maior, Rosa Negra. A Guardiã das Almas.

– E esses espíritos caídos ficam aqui neste cemitério? – Ruth perguntou com ar de dúvida e olhando para os lados, pois não via nenhum espírito caído próximo a elas.

– Não... Eles não ficam aqui. Mas a passagem para onde estão, sim!

– Passagem?

– Sim... Venha. Vou mostrar-lhe qual minha principal missão como Guardiã.

Ruth e a Guardiã foram até uma parte do cemitério onde havia um jazigo que não mais era utilizado. Aos olhos dos que estavam carne, realmente, aquele jazido parecia não ter utilidade alguma... Mas para a Guardiã, sim.

– É aqui que fica o portal, Ruth.

– Não vejo nenhum portal – disse Ruth olhando para dentro do jazido.

– Não vê porque fica oculto – a Guardiã afirmou e pediu. – Abram o portal, por favor. – E um portal abriu-se dentro do jazigo.

Naquele momento, a Guardiã Rosa Negra plasmou em seu espírito um vestido completamente preto.

– Por que seu vestido ficou todo preto? – Ruth perguntou admirada.

– Este vestido carrega a força do Senhor das Almas. Preciso estar protegida quando vou ao encontro dos que estão caídos.

– Eles fazem maldades?

– No estado em que estão não conseguem fazer muito, até porque estão sendo esgotados... Mas não devemos subestimar os que não andam na luz!... Venha... Fique tranquila... Estará protegida ao meu lado.

Elas adentraram o jazigo, passaram pelo portal, desceram por uma passagem longa e escura e, algum tempo depois, já estavam em um local que parecia uma alcova. Ali, diversos espíritos estavam inconscientes.

Ruth assustou-se ao ver tal cena, pois, mesmo que ali não fosse, achou que fossem as trevas.

– Guardiã. Agora fiquei com uma dúvida... Se é uma Guardiã de Lei, por que traz esses espíritos cá?

Rosa Negra deu um leve sorriso e disse:

– Não sou eu quem traz esses espíritos para cá, Ruth! Eles mesmos trilharam seus caminhos até aqui! Minha missão é vigiá-los para que não saiam até que sejam esgotados de suas negatividades... Só assim poderão seguir novos caminhos... Caso saiam antes, podem fazer o mal aos que estão perdidos ou até mesmo aos que estão na carne!... Pior do que isso!... É possível até que se tornem aliados das trevas! Alguns dos que aqui estão cometeram atos tão insanos que acham que estão presos por correntes, como no caso deste ao seu lado... Veja... Ele está adormecido. Mas da forma como seus braços estão, parece estar acorrentado... Mas não está!... Isso está no mental dele. De tanto que errou, sente que seu destino é ficar preso pela eternidade. Porém, isso passa, logo que for completamente esgotado... Compreendeu?

– Creio que sim... Direito de escolha... Eles fizeram a deles quando em vida na carne e estão pagando... Seria isso?

– Deus nos dá esse direito, Ruth... Mas temos de aceitar as consequências de nossos atos e escolhas!... Veja tal situação pelo lado positivo... Se esses espíritos não estivessem aqui sendo esgotados, talvez já tivessem se aliado às trevas... Agora vamos.

Elas voltaram pela mesma passagem. E, ao saírem do jazigo, a Guardiã pediu:

– Podem fechar o portal, por favor.

– Como consegue fazer isso, Guardiã? Com apenas uma ordem, um portal se abre e fecha – Ruth perguntou surpresa.

A Guardiã sorriu e disse:

– Acha mesmo que sou em quem abre e fecha o portal?

– E não é?

A Guardiã novamente sorriu e disse.

– Obrigado por protegerem o portal, senhores Guardiões.

Naquele momento, dois Guardiões envoltos por túnicas pretas apareceram. Um de cada lado do jazigo. Os dois estavam empunhados de tridentes e punhais.

– Disponha, Guardiã Rosa Negra. Essa é nossa missão! – disse um deles.

– Ruth. Estes são os Guardiões do portal. São eles que abrem, fecham e protegem o portal. Além de também ficarem atentos para que ninguém saia antes que a Lei dê permissão.

– Boa noite, moça – era um dos Guardiões quem saudava Ruth.

– Boa noite, Guardiã Rosa Negra! Continuaremos a proteger o portal! – e sumiram em fração de segundos.

– Obrigada, Guardiões... Venha, Ruth. Logo chegará uma oferta. Você é quem irá receber.

Naquele dia, um senhor e mais cinco pessoas adentraram o cemitério. Ele era responsável por um templo. E as pessoas junto a ele eram filhas da casa... Eles iriam aprender a como ofertar no cemitério.

Depois de saudarem as forças ali existentes, aquele senhor começou a fazer a firmeza próximo ao Cruzeiro das Almas.

– Bem, agora é com você, Ruth... Já sabe o que fazer? – perguntou a Guardiã Rosa Negra.

– Sim, Guardiã. E se for possível gostaria de não ser orientada. Sinto que posso fazer do meu jeito – disse Ruth e sorriu. Estava segura do que iria fazer.

– Se é isso o que sente e vai fazer o bem, não vejo problemas. Estarei aqui caso precise de ajuda – Rosa Negra sentia que realmente Ruth estava segura.

Ruth e Rosa Negra ficaram próximas de onde a oferta estava sendo feita. E, assim que tudo fora firmado, o senhor que ali estava disse aos demais:

– Agora peguem suas velas, acendam, façam seus agradecimentos e pedidos e ao final digam... Pedimos tudo dentro da Lei de Deus!... E coloquem as velas nesse local... É aqui que todos acendem suas velas.

Todos fizeram conforme as orientações e, durante seus pedidos e agradecimentos, Ruth colocou-se atrás deles, direcionou uma de suas mãos para o que fora ofertado e a outra, para os que ali estavam. E, certa do que fazer, lembrou-se do amor que sentia por sua família, puxou a essência do que fora ofertado e irradiou em todos, retribuindo pelo que fizeram.

"Aos olhos carnais, nada podia ser visto. Porém, Ruth e Rosa Negra podiam ver as essências do que fora ofertado. Elas saíam das ofertas, iam de encontro ao espírito de Ruth, em seguida Ruth irradiava nos que ali estavam."

Em determinado momento em que Ruth irradiava sob os que ali estavam, um dos filhos, mesmo sendo iniciante, era o mais suscetível a sentir vibrações... Naquele instante, ele sentia o que Ruth irradiava.

– Já posso ir embora, senhor. Já terminei meu agradecimento – pediu ele um tanto temeroso, olhando para os lados.

– Acalme-se, filho. O que sente é a força dos que guardam este cemitério. Se veio com boas intenções, receberá o necessário e merecido...

Esse deve ser o motivo do que sente... Fique tranquilo. Logo iremos embora.

Assim que todos foram embora, Rosa Negra se dirigiu a Ruth...

– Belo trabalho! Se continuar assim, creio que será uma grande aliada à esquerda.

– Obrigada, Guardiã... Fiz tudo certo?

– Depois de todos terem saído agradecidos, ainda pergunta se fez tudo certo?... É claro que sim! – afirmou a Guardiã e sorriu para Ruth.

E assim, durante algum tempo, Ruth ficou junto à Guardiã Rosa Negra, aprendendo tudo sobre firmezas em cemitérios, qual o trabalho dos que são direcionados para serem Guardiões ou Guardiãs de uma Calunga, além de também saber um pouco sobre a força do Senhor das Almas.

Mas seu aprendizado não terminaria ali. A fim de fazer com que Ruth ganhasse mais conhecimentos, Barnabé achou que ela deveria ir junto aos Guardiões em uma missão que já estava outorgada pela Lei.

"Em determinado dia, enquanto Ruth ainda estava junto à Guardiã Rosa Negra no cemitério, Barnabé conversava com os Guardiões em outro cemitério."

– Bem, senhores Guardiões. Como já é de conhecimento de todos, os grandes Guerreiros das matas e espíritos das mesma linha com a qual trabalho, além de outros, tentaram mudar a forma de agir dos filhos que trabalham naquela casa... Além de também tentarmos mudar os pensamentos do responsável. Porém, a ganância está falando mais alto. E como o próprio responsável está sob irradiação de espíritos sem luz, não está sendo diferente com os filhos da casa... Todos estão sob influências negativas. Então, chegou a hora de vocês agirem, Guardiões! Façam como manda a Lei! Usem suas armas de proteção, suas ideias e tragam de volta a paz naquela casa, para que ali volte a ser um templo religioso. Se, depois disso, ainda assim não tivermos sucesso, não teremos mais o que fazer. Até porque iremos interferir no direito de escolha deles... Vão ao encontro de Ruth, filhos. Seria bom para sua evolução ver como agem os Guardiões e Guardiãs em situações como essa.

– Faremos isso, senhor – era o Guardião Exu Sete Capas quem falava. – Chamaremos outros aliados para que possam ajudar-nos.

"Os Guias da direita poderiam executar o que os Guardiões iriam fazer?... Sim! Porém os Guias, tanto da direita como da esquerda, respeitam os trabalhos de cada um. Além disso, dependendo da forma como forem agir, teriam de baixar muito seus níveis vibratórios... É por isso que os Guardiões são direcionados para trabalhos como esses. Já estão acostumados com as vibrações."

Naquele dia, os Guardiões foram ao encontro de outros aliados e contaram sobre a missão que precisavam executar. E, após explicar a todos, o Guardião Sete Capas disse:

– Peço ajuda de todos vocês, companheiros. No dia em que formos agir, viremos ao encontro de todos.

– Já tem nossa ajuda, Guardião Sete Capas! – afirmou um, dentre tantos Exus Guardiões que ali estavam. – É só vir ao nosso encontro que teremos prazer em ajudá-los.

Todos os aliados ficaram atentos. Esperavam o momento certo para irem juntos naquela missão.

Executores da Lei

Em determinada noite, Ruth estava no cemitério junto à Guardiã Rosa Negra, quando os três Guardiões foram ao encontro delas.
– Salve, moças!
– Boa noite, Guardião Sete Capas.
– Como anda o aprendizado de Ruth, Guardiã Rosa Negra?
– Preciso confessar, Guardião... Algumas vezes subestimei Ruth... Mas ela me surpreendeu com sua vontade em ajudar! – disse com ar de felicidade a Guardiã Rosa Negra.
– Isso é muito bom! Obrigado por toda ajuda, Guardiã Rosa Negra – e se dirigiu a Ruth: – Agora precisa nos acompanhar, moça. Temos uma missão! O velho e sábio Barnabé pediu que a levássemos.
– Obrigada, Guardiã Rosa Negra. Nunca esquecerei o que fez por mim e todos ensinamentos.
– Disponha, Ruth. Essa, também é minha missão.
– Ainda nos veremos?
– Caso não mude seus caminhos, não tenho dúvidas de que ainda nos encontraremos... Exus e Moças estão sempre unidos! – disse a Guardiã e sorriu para Ruth. Parecia já desconfiar qual seria o ponto de força de Ruth, assim que se tornasse uma Guardiã.
– Salve suas forças, Guardiã – o Guardião saudou Rosa Negra.
Em seguida, os Guardiões e Ruth lançaram seus espíritos para um local distante do cemitério. E, assim que chegaram, Ruth notou que ali havia uma casa que parecia estar tomada por forças negativas.
– O que viemos fazer aqui, Guardiões? – Ruth perguntou.

– Tentar trazer de volta a paz naquela casa – era o Exu Sete Capas quem falava. – Está vendo aqueles dois seres na porta?

Distante, Ruth pôde ver dois seres estranhos a tomar conta da porteira.

– Sim. Posso vê-los... Mas não parecem ser espíritos de luz – disse Ruth.

– E não são! A casa foi dominada por trevosos! Nesse momento devem estar acontecendo os atendimentos lá dentro. Porém, não como manda a Lei!

– Então, agora é a hora, companheiro – era o Exu do Ouro quem falava com o Guardião Sete Capas. – Use da magia que existe em sua capa. Adentre a casa e veja quantos deles estão lá dentro.

– Farei isso... Fiquem aqui. Não podemos deixar que nos vejam como Guardiões.

– Tenha cautela, companheiro – era o Exu Tranca-Ruas quem falava. – Não deixe que sintam sua força.

– Não sentirão. Fique tranquilo.

Naquele momento, a fim de não ser visto pelos trevosos, o Guardião Exu Sete Capas cobriu todo o seu espírito com sua capa, ficou oculto aos olhos da maldade, caminhou em direção à casa, passou pelos trevosos que estavam na porteira sem ser visto ou sentido e observou tudo o que acontecia dentro daquele local, que um dia fora uma templo religioso.

O Guardião ficou dentro da casa por pouco tempo observando o que acontecia... Mas foi o suficiente para entender e saber como deveriam agir.

Já de volta e com a essência da carne vibrando em seu espírito, o Guardião Exu Sete Capas disse a seus aliados...

– Minha vontade era de exterminar aqueles miseráveis!!Eles estão enganando pessoas!!! Pedindo valores, bebidas, ferramentas!!!... Estão pedindo tudo o que podem!!!... Ainda por cima estão usando nomes de espíritos de luz!!!... Um deles, inclusive, está plasmado com a mesma forma dos espíritos dos sábios velhos que foram escravos!!!... Isso já é demais!!! – esbravejou o Guardião.

— Acalme-se, companheiro — era o Exu do Ouro quem falava. — Vamos ao encontro dos outros aliados. Eles estão esperando para agir conosco nessa missão.

— Estou de acordo — concordou o Exu Sete Capas. — Fique aqui, moça — ele se dirigiu a Ruth. — Eles não a verão aqui! Vamos ao encontro de outros aliados. Voltaremos muito rápido!... Não tome nenhuma decisão!... No momento certo, agirá junto a nós!... E não se esqueça do que vou dizer... Nessa missão, um desconhecido pode não ser um inimigo!

— Por que diz isso, Guardião? — Ruth perguntou sem entender.

— No momento certo saberá!

Os Guardiões lançaram seus espíritos. Ruth ficou sozinha. Ela observava os trevosos que estavam na porteira da casa, quando, segundos depois, distraída, não viu que um ser estranho de aspecto horrível aproximava-se dela.

Rapidamente, aquele ser acorrentou o espírito de Ruth e começou a puxá-la em direção à casa onde os trevosos estavam.

— Quem é você, maldito?!!! Solte-me!!! — Ruth gritou com certo ódio em seu espírito, tentando tirar as correntes. Mas não conseguia.

— Pode tentar o que quiser!!! Não conseguirá escapar!!! — afirmou aquele Ser e prosseguiu. — Agora, você entrará na casa junto a nós!!!

— Maldito demônio!!!... Solte-me!!! — Ruth gritou.

Ele apenas gargalhou. Fazia de tudo para que os trevosos que estavam na porteira os vissem.

Ruth ainda era puxada pelas correntes por aquele ser desconhecido, quando outros seres estranhos apareceram. Entre eles, havia um que tinha aparência de ser muito velho. Ele andava em passos lentos e carregava cobras enroladas em seu espírito... Duas delas estavam cada uma de um lado de sua face. Além disso, todos carregavam em seus espíritos os mesmos desejos dos trevosos que estavam na casa... Fazer uso de tudo de negativo que acontecia lá dentro... Sim... Essa era a essência que aqueles "seres estranhos" carregavam. E Ruth estava certa de que novamente seria usada para fazer o mal.

Como aqueles Seres carregavam a mesma essência que os trevosos tinham em seus espíritos, passaram pelos que estavam na porteira sem ser impedidos.

Já dentro da casa, Ruth ainda estava entre correntes, dominada por aquele estranho ser ao seu lado.

Naquele momento, Ruth já não tinha mais ódio em seu espírito. Ao contrário... Estava com medo do que poderia lhe acontecer, visto que se lembrou de quando foi pega por trevosos para servir como escrava das trevas.

Ainda entre correntes, Ruth só pedia em seu mental para que os Guardiões chegassem. Para ela, era a única forma de ser liberta... Assim pensou.

Em determinado momento, o ser com aparência de muito velho e que tinha seu corpo envolto por cobras ficou ao lado de um dos trevosos que usava da matéria do homem que era o responsável pela casa. Em seguida, olhou para os outros que adentraram com ele e assentiu com a cabeça... Era o sinal para que todos tomassem suas posições.

Enquanto os trevosos faziam uso das matérias dos filhos que ali trabalhavam, aproveitavam-se de tudo o que podiam, inclusive pedindo valores aos encarnados que acreditavam que ali ainda era um templo religioso. E, enquanto isso, os que entraram com Ruth se aproximaram de cada um deles. Ficaram próximo, à espera da ordem daquele que tinha seu espírito envolto por cobras... O que parecia ser muito velho.

Algum tempo depois, todos estavam preparados... Aquela casa voltaria a ser um templo religioso.

O ser que estava envolto por cobras olhou para o que estava ao lado de Ruth e deu o sinal assentindo com a cabeça. Então, o que estava ao lado de Ruth tirou as correntes que envolviam o espírito dela e disse:

– Hora de agir, moça!

– Seu maldito demônio!!! – Ruth esbravejou. – Por que me acorrentou?!!

— Olha. Vou levar em consideração a situação e não farei caso por ter me chamado novamente de maldito e demônio... Mas espero não mais ouvir isso de você!... Não esqueça o que lhe disse... Nessa missão, um desconhecido pode não ser um inimigo!

Naquele momento, Ruth pensou:

— O Guardião Sete Capas não gostou quando me referi da mesma forma a ele, chamando-o de demônio. Os Guardiões foram direcionados para fazer desta casa novamente um templo religioso. — Em seguida, lembrou-se de algo. — Enquanto estive ao lado dos Guardiões, vi que muitos deles podiam plasmar outras formas. — E lembrou-se do que o Guardião Sete Capas disse. *"Nessa missão, um desconhecido pode não ser um inimigo."* — E, então, olhou para os seres "estranhos" que estavam ao lado dos trevosos e notou que todos estavam preparados para fazerem algo, mas não sabia o que — Eles só podem ser os Guardiões", Ruth pensou.

Desconfiada do que acontecia, Ruth se dirigiu ao ser de aspecto estranho que estava ao seu lado.

— Guardião Sete Capas!... É você?! — perguntou desconfiada.

— Sim... Agora espere o Guardião do Ouro dar o sinal.

— E quem é o Guardião do Ouro, dentre esses? — Ruth sussurrou.

— Aquele que está envolto por cobras.

— Mas ele parece ser muito velho, Guardião — disse Ruth não acreditando.

— Eu disse a você que não o subestimasse... Ele pode plasmar formas que você nem pode imaginar!

"Durante tudo o que aconteceu, enquanto os Guardiões agiram para fazer daquela casa novamente um templo religioso, nem o homem que era o responsável nem os filhos da casa notaram o que acontecia... A não ser pelo fato de alguns não sentirem mais as vibrações dos espíritos das trevas, quando esses foram dominados pelos Executores da Lei."

A casa ainda estava sob domínio dos trevosos, quando o ser que estava envolto por cobras se dirigiu a todos.

— Senhores!... O reinado de vocês termina nesse momento!... Essa casa voltará a ser um templo religioso de Lei!

Não gostando do que ouviu, o trevoso que usava da matéria do responsável pela casa falou para o ser que estava envolto por cobras:

– Quem você pensa que é para se dirigir a nós dessa forma, seu velho maldito com cara de cobra!

O Guardião do Ouro, ainda envolto por cobras e aparentando ser muito velho, olhou de forma séria para o trevoso e disse:

– Vou dizer quem sou, ser das trevas!... Sou aquele que fora regado pela Deusa do Amor e apresentado a um Guardião Maior! Mas, em se tratando de lidar com seres como você, o amor não impera em mim! – e plasmou um tridente em suas mãos.

Naquele momento, o trevoso já sabia que aquele ser ao seu lado era um Guardião de Lei... Mas já era tarde.

O Exu do Ouro plasmou sua real forma e cravou seu tridente no peito do trevoso, fazendo com que seu espírito ficasse paralisado ao solo. Em seguida, disse a seus aliados:

– Façam como ordenou a Lei, senhores Guardiões! Todos esses seres sem luz prestarão contas com a Lei Maior!

Com a ordem dada, todos Exus, inclusive Moças que estavam plasmados de formas estranhas, trouxeram em seus espíritos suas reais formas e, junto a elas, suas armas de proteção... Facas, espadas, lanças, punhais... Enfim... Todos carregavam a força de um Orixá e de um Guardião e Guardiã Maior. E estavam ali para fazer daquela casa um templo religioso.

O Guardião Sete Capas também trouxe em seu espírito sua forma real e tirou de dentro da capa sua arma de proteção.

Abismada com o que via, Ruth se dirigiu ao Guardião.

– Por que não disse antes, Guardião? – Ruth perguntou surpresa.

– Ahh!!!... Por favor, Moça!!! Agora que é a hora de usar seu punhal, você vai ficar com conversa fiada?!!... Pegue logo seu punhal e domine esses miseráveis!!!... Estamos em missão!!! – esbravejou o Guardião Sete Capas.

A batalha estava iniciada. Um dos trevosos tentou se aproximar de Ruth. Mas, antes mesmo de tentar tocá-la, sem saber o que aconteceria com aquele ser por causa da força que havia em seu punhal, Ruth cravou sua arma no peito daquele ser, fazendo com que seu espírito fosse lançado para longe dali, ficando preso em um local onde seres da mesma essência já estavam.

    Em determinado momento, cinco trevosos tentaram se aproximar do Exu Sete Capas... Mas ele estava atento. Pegou uma de suas armas... uma corrente que tinha uma bola com espinhos e, usando sua força de espírito e as forças que sua arma carregava, lançou-a contra o solo.

    – Afastem-se, malditos das trevas!!! – bradou.

    Os outros trevosos nem sequer tiveram tempo de pegar suas armas ou tentar fugir... Todos foram dominados pelos Guardiões, Executores da Lei.

    Estava feito. Em pouco tempo, Ruth, os Guardiões e Guardiãs fizeram com que todos os trevosos fossem dominados por armas e correntes.

    Já do lado de fora da casa...

    – Senhores e Moças! – era o Exu Sete Capas quem falava com seus aliados. – Levem esses miseráveis cada um a seu devido lugar! Todos prestarão conta com a Lei!

    Todos os aliados levaram os trevosos. Próximo à casa ficaram apenas Ruth, o Guardião do Ouro, Sete Capas e Guardião Tranca-Rua.

    – Obrigado pela ajuda, moça – era o Exu Tranca-Ruas quem agradecia Ruth. – E já peço desculpa por ter sido acorrentada. Mas não teríamos conseguido caso não fizéssemos assim.

    – Disponha, Guardião... Mas por que tiveram de fazer dessa forma?... Por que fui acorrentada? – Ruth perguntou com ar de dúvida.

    – Isso fazia parte do plano – era o Exu Sete Capas quem falava. – Nossa ideia era nos aproximarmos deles sem que notassem que éramos Guardiões. Por isso que todos nós estávamos plasmados com formas estranhas. Além disso, fizemos com que nossos espíritos entrassem na mesma vibração deles, para que achassem que também éramos seres sem luz. E, como você não sabia, agiu com certo ódio, e isso fez com que eles realmente achassem que éramos iguais a eles... Sua forma de agir também ajudou em todos os pontos, moça.

Ruth ficou pasma ao saber como os Guardiões planejaram suas ações para que aquela casa voltasse a ser um templo religioso de Lei. Durante o tempo em que ficou junto aos Exus e Moças, jamais pôde imaginar uma situação como aquela, onde, ainda sem estar regida, seria capaz de agir como uma Guardiã.

Depois daquele dia, Ruth ainda ficou ao lado dos Guardiões e Moças. Em cada missão aprendia mais, como os Guias da esquerda agiam, como recebiam o que era ofertado, a retribuir a oferta, como agir em templos, enfim... Até aprendeu como os guias se aproximavam dos que estavam encarnados para orientar a outros.

Porém, Ruth não ficaria agindo por muito tempo sendo orientada por outros Guardiões e Guardiãs. Chegaria o dia em que ela seria apresentada às forças Divinas, para que fosse regida como Guardiã.

Apresentada às Forças Divinas

Em determinado dia, Ruth estava em missão com a Guardiã Rosa Negra no cemitério, quando o Guardião Sete Capas apareceu próximo a elas.

– Salve, Guardiã Rosa Negra.

– Olá, Guardião... Posso ajudar em algo?

– Vim informar que Ruth será apresentada... Preciso que me acompanhe, moça – o Guardião se dirigiu a Ruth.

– Aonde vamos, Guardião? – Ruth perguntou.

– Não tenho permissão para falar sobre isso. Porém, quando chegar ao local, saberá.

– Tudo bem, Guardião – disse Ruth e se dirigiu a Rosa Negra. – Sou muito grata por tudo o que fez por mim, Guardiã. Levarei todo seu amor e aprendizado eternamente em meu espírito.

– Sou grata por suas palavras, Ruth. Mas da forma que fala, parece que nunca mais nos veremos – disse Rosa Negra com um leve sorriso em sua face.

– Bem. Na verdade não sei para onde vou e se nos veremos novamente... Não sei se terei permissão para vir a este cemitério – Ruth lamentou.

Rosa Negra novamente sorriu e disse:

– Caso realmente se torne a Guardiã que estou pensando, não tenho dúvidas de que nos veremos novamente – e sorriu. Rosa Negra não tinha dúvidas quanto à ligação que Ruth tinha com o Senhor das Almas. Durante o tempo em que ficaram juntas, Ruth realmente demonstrava grande afinidade em ajudar nas missões em cemitérios.

Porém, Ruth ainda sentia não ser merecedora. Algo em seu passado fazia com que sentisse isso.

– Será que, depois de tudo o que fiz, ainda assim serei uma Guardiã? – Ruth perguntou com ar de dúvida.
– Já passou do tempo de deixar oculto seu passado, moça! – afirmou de forma séria o Exu Sete Capas.
– Sei disso, Guardião. Mas acredite... Ainda sinto que estou presa por algo que fiz. – Ruth lamentou.
– Aceita um conselho, Ruth? – Rosa Negra perguntou.
– Sim.
– Agora é o momento de se preocupar com sua evolução espiritual. Sei que o passado às vezes vem em nosso mental e de alguma forma deixa esse tipo de dúvida. Porém, se chegou até aqui, é porque existe um grande motivo... Acredite!... Basta ter fé e seguir as orientações dos Guardiões, dos sábios que foram escravos ou até mesmo de outros Seres de luz. – Sim. Rosa Negra sabia quem iria ajudar na iniciação de Ruth.

Depois de agradecer à Guardiã Rosa Negra, Ruth lançou seu espírito junto ao Guardião Exu Sete Capas.

Assim que chegaram ao local, Ruth viu o que parecia ser um palácio cercado por rosas e flores. Na porta, um Guardião envolto por uma longa túnica preta fazia a proteção... Ninguém entrava ali sem estar com um Guia de Lei ou sem estar agindo dentro da Lei.

– Que lugar é este, Guardião? – Ruth perguntou.
– É um templo.
– É esse o templo dos Guardiões?... Já ouvi falar sobre ele.
– Não! Esse é um templo onde muitos são apresentados a um Orixá. Claro que essa apresentação pode ser em outros locais, dependendo da ocasião... Mas aqui tem seus mistérios... Ou melhor... Todos os locais onde são feitas as iniciações tem seus mistérios!... Aqui só vem quem segue a Lei ou está pronto para seguir!
– Entendi.

Eles caminharam até a porta daquele palácio.

– Salve, Guardião Sete Capas – era o Guardião que estava na porta quem saudava o Guardião.
– Salve, companheiro. Venho em nome da Lei trazer essa moça. Ela será iniciada!

– Já tem permissão para adentrar, meu amigo... E seja bem-vinda ao templo, moça.

– Obrigada, senhor Guardião.

Ruth e o Guardião Exu Sete Capas adentraram no templo, mas não avistaram ninguém. O templo estava completamente vazio. Não se via nada, além de paredes com diversos símbolos que faziam referência à linha da esquerda.

– E agora, Guardião?... Devemos esperar?... O que irá acontecer?

– Sim. Devemos esperar... Ou melhor... Você deverá esperar! Porém, o que terá de acontecer, só acontecerá quando você deixar que aconteça... Em outras palavras... Sua iniciação só acontecerá caso você permita! – afirmou o Guardião e se despediu de Ruth. – Agora é com você... Eu a vejo em breve!... Não deixe que tudo o que aprendeu seja vão! – e lançou seu espírito para longe do templo.

Sozinha, Ruth começou a caminhar pelo templo. Não fazia ideia do que fazer ou o que iria acontecer. Porém, de uma coisa tinha certeza... Não queira voltar a ser escrava das trevas, não queria sofrer, queira continuar a fazer o bem, mesmo que naquele momento não soubesse o que seria de seu futuro... Mas os sábios que esperavam para se apresentar sabiam. Eles apenas aguardavam Ruth demonstrar sua vontade, pois esta, já estava em seu espírito.

Ruth ainda caminhava pelo templo. Observava todos os símbolos nas paredes, quando viu um que fazia referência às linhas da esquerda que guardavam cemitérios... Sim... Ruth já havia visto símbolos parecidos em outras Guardiãs.

Ruth aproximou-se dos símbolos que estavam riscados da seguinte forma: dois tridentes fêmea e dois punhais e estavam cruzados em posições invertidas. Havia cruzes também. E em cima desses havia outros símbolos... Um deles fazia referência ao Orixá que detém domínio sob as almas que, quando na carne, fraquejaram e carregaram em seus espíritos a mesma essência... Enfim... Os símbolos que Ruth admirava faziam menção aos Sete Orixás.

Ruth ainda admirava aquele símbolo, quando ouviu alguém se dirigir a ela.

– Faz bem ao seu espírito o que vê?

Ruth olhou rapidamente para trás e avistou um ser de luz. Era um sábio que quando em vida vivera como escravo. Mas em sua imensa fé fora acolhido no plano espiritual e direcionado para fazer parte da falange dos Pretos-Velhos.

– Olá, senhor.

– Ruth o cumprimentou de forma tranquila mesmo sem o conhecer. Pois suas vestes traziam símbolos que estavam ligado a um Orixá. Além disso, sabia que seres sem luz não adentravam aquele templo.

– Como está, filha?

– Estou bem – Ruth respondeu com um lindo sorriso. – E admirada com o que vejo nesse enorme palácio.

– Não tenho dúvidas quanto a isso. Pois, caso não demonstrasse admiração e vontade em ajudar, esses setes sábios não estariam aqui.

– Sete sábios? – Ruth perguntou olhando para os lados... Foi então que viu... No centro daquele templo havia sete tronos. Neles, sentados, estavam sete seres de luz, que em suas últimas vidas foram escravizados, mas que também foram amparados pela Luz Divina e direcionados à grande falange.

Admirada com o que via, Ruth perguntou ao ser que estava ao seu lado:

– Quem são eles?

– Aqueles sábios viveram como escravos em sua última vida. Porém, hoje, fazem parte da grande falange que trabalha em prol da caridade... Cada um deles está aqui como mensageiro de um Orixá para ajudar em sua iniciação.

Ruth olhou novamente para os sete e reconheceu um deles.

– Acho que conheço um deles... Aquele é Barnabé, não? – Ruth perguntou direcionando sua mão.

– Sim, filha. Ela também ajudará em sua iniciação.

– E como não vi vocês quando entrei com o Guardião?

– Nos já estávamos aqui. Simplesmente precisávamos saber o que iria tocar em seu espírito. E, como vimos que demonstrou vontade em ajudar, mesmo ainda estando presa a algo de seu passado, decidimos nos apresentar. Pois assim fomos instruídos antes de virmos ao seu encontro.

Ruth assentiu com a cabeça, concordando com o que ouvira. Em seguida perguntou:

– E como sabe que algo em meu passado ainda me deixa presa a ele, senhor...

– Joaquim... Pode me chamar assim.

– Sim... E como sabe disso, sr. Joaquim?

– Bem. Para que pudéssemos estar cientes e saber como direcioná-la, Barnabé contou um pouco de sua evolução junto aos Guardiões. Disse que às vezes, mesmo agindo dentro da Lei, ainda assim parecia não estar feliz.

– Sim, sr. Joaquim.. É que...

– Não precisa falar sobre isso agora, filha. Se for o que vibra em seu espírito, posso sentir... Fique tranquila... Faremos o que for possível para ajudá-la... Até porque filha já tem outorga para o que irá fazer.

– Tenho outorga para fazer o quê, senhor? – Ruth perguntou sem nada entender.

– Agora não é hora de falar sobre isso, filha. Precisamos dar início à sua iniciação... Se tudo correr conforme achamos, terá sua resposta.

Novamente Ruth concordou. Em seguida, perguntou:

– E o que preciso fazer agora, sr. Joaquim?

– Venha comigo.

Eles caminharam em direção aos sábios que ali estavam.

Já de frente a eles, Ruth realmente notou que todos pareciam terem sidos escravos quando em vida na carne. Porém, tinham feições de paz.

Algum tempo depois, Ruth ainda observava os sete que estavam sentados nos tronos. Tentava entender os símbolos que estavam em suas vestes, mas não conseguia, pois a luz que os envolviam não deixava... Quanto mais Ruth tentava entender os símbolos, mais intensa as luzes ficavam.

Um tanto amedrontada, Ruth perguntou:

– O que está acontecendo, senhor Joaquim?

– Sua iniciação começou, filha. Atente-se aos sete sábios que estão à sua frente. Eles serão os responsáveis por apresentar você às forças

Divinas! A partir de agora, você será apresentada a essas forças! Forças estas criadas por Deus! Agora, mantenha sua atenção neles... E, se aceita um conselho... Não tente entender os símbolos que cada um deles carregam em suas vestes. Isso é um mistério de cada Orixá. E, se for permitido, a você será revelado.

Ruth assentiu com a cabeça e voltou sua atenção para os sete que ali estavam. Naquele momento dava-se início sua apresentação às forças Divinas.

Um dos sábios se levantou, caminhou em direção a Ruth e pegou em suas mãos.

– Como está, filha? – o sábio perguntou sorrindo a Ruth.

– Bem, senhor – Ruth respondeu com algumas lágrimas em seu olhos.

– Ótimo!... Me chamo José do Cruzeiro. Fico feliz com esse choro... Não!... Não me alegro com o sofrimento alheio!... Minha felicidade é por saber que esse choro é de alguém que, por mais que tenha sofrido, acreditou, e hoje está sendo direcionada para ser mais uma aliada dos que desempenham um ótimo trabalho à esquerda.

Enquanto ele falava, Ruth apenas chorava ouvindo tais palavras.

– Estou imensamente feliz por saber que uma jovem tão bela será uma grande Guardiã!... E agora, como é de sua vontade e tenho a permissão de nosso Pai Maior, deixo em seu espírito a força do Orixá da Evolução, para que esta possa fazer parte de seus trabalhos como Guardiã.

Ainda segurando nas mãos de Ruth, aquele sábio irradiou com suas mãos, fazendo com que a força do Orixá da Evolução tomasse o espírito de Ruth e nela se instalasse.

Ruth sentiu uma vibração muito forte que a fez chorar ainda mais. E não contendo-se, ajoelhou-se diante do sábio.

Assim que terminou de irradiar sobre Ruth, aquele sábio disse:

– Levante-se, filha... Não se curve diante de mim ou de outros que aqui estão... Expresse sua gratidão para aquele que será o regente de sua missão!

– Tudo bem, senhor. É que não pude deixar de agradecer... E quem será o regente de minha missão?

– Não tenho dúvidas de que saberá quem é, quando essa grande força se apresentar a você – disse aquele sábio com um lindo sorriso e concluiu: – Bem, minha parte está feita. Agora espere aqui. Os outros virão ao seu encontro.

Aquele sábio voltou e sentou-se em um dos tronos que ali estavam. Em seguida, outro se aproximou de Ruth.

– Salve, filha!... Sou mensageiro do Orixá das Matas. O Senhor do conhecimento!... Creio que não preciso dizer o quão feliz estou, não?

– Obrigada, senhor...

– João das Matas... Pode me chamar assim.

– Obrigada pelas palavras, sr. João das Matas. Também estou muito feliz com tudo o que aconteceu e está acontecendo.

– Nem precisava dizer, filha... Bem. Não temos tempo a perder... Venho em nome da Lei para deixar em seu espírito a força do Orixá das Matas... Independentemente de onde seja sua missão, também poderá atuar nas matas, se assim for necessário.

Aquele sábio pegou nas mãos de Ruth e também irradiou, fazendo com que as Forças das Matas se instalassem no espírito dela.

Ruth, novamente sentiu vibrações em seu espírito.

– Obrigado, senhor – Ruth agradeceu em seu mental, fazendo menção ao nosso Ser Supremo.

E assim, os outros, inclusive Barnabé, também fizeram. Um a um, eles se aproximaram de Ruth, pegaram em suas mãos, irradiaram e deixaram em seu espírito a força dos Orixás. Até que, no final daquela primeira etapa, Ruth, além de ter em seu espírito a força da Evolução e do Conhecimento, também tinha a da Lei, Justiça, Geração, Amor e Fé.

Algum tempo depois, Barnabé levantou-se, caminhou na direção de Ruth para dar continuidade à iniciação...

– Como está se sentindo, filha?

– Não sei responder, senhor – Ruth ainda tinha algumas lágrimas em seus olhos. – Só sei dizer que fez bem ao meu espírito tudo o que recebi. Mesmo sem saber ao certo o que aconteceu.

– Aconteceu o que deveria acontecer. Filha mereceu e a Lei permitiu... Mas ainda não terminou. Peço que olhe em direção aos sábios que ali estão... Agora feche seus olhos e siga o que sentir em seu espírito.

De olhos fechados, Ruth sentiu que precisava agradecer. Em sua grande prece agradeceu por tudo o que havia acontecido até aquele momento. Por ter sido resgatada, por ter conhecido e aprendido com os Guardiões e as Guardiãs, por sua evolução espiritual, pela ajuda dos sábios, enfim... Pediu até perdão por ceifado a vida de seu pai. E, ao final, disse as seguintes palavras:

– Caso eu seja digna de ser uma Guardiã de Lei, que sua vontade seja feita, Grande Criador.

Aquelas palavras foram suficientes para que Ruth provasse ainda mais seu arrependimento e sua fé, mesmo sem terem pedido tal prova.

Depois daquela linda prece, Ruth permaneceu de olhos fechados, até que ouviu:

– Abra seus olhos, filha – pediu Barnabé.

Assim que Ruth abriu seus olhos, viu que os sete sábios estavam em forma de círculo. Ela estava ao centro.

Naquele momento, Ruth não tinha ideia do que iria acontecer, mas estava prestes a saber.

Certos do que deveriam fazer, os sábios começaram a entoar um lindo canto. Porém, antes, um a um, em sua língua de origem africana, eles saudaram a força do Orixá das Almas. Em seguida, todos, em uma mesma língua, saudaram em forma de cantos a força do mesmo Orixá.

Enquanto os sábios entoavam cantos, Ruth ainda chorava e agradecia em seu mental. Até que, em um determinado momento, uma forte Luz surgiu atrás de um dos sábios. Ele, então, saiu do círculo, para que Ruth pudesse ver quem se aproximava junto à luz.

Naquele momento, Ruth não pôde ver de forma clara quem se aproximava junto à luz. Somente relatou que viu um ser coberto por palhas. Mas, por mais que tentasse, não pôde ver sua face. Pois ela também estava oculta pelas palhas.

A única coisa que Ruth pôde ter a certeza que via, era um longo manto negro que aquela força carregava em suas mãos, também envoltas por palhas.

Os sábios continuaram a entoar cantos, a força ali presente lentamente se aproximava de Ruth. E, a cada passo daquela força oculta pelas palhas, Ruth via que a luz ficava ainda mais intensa. E, assim que a força se aproximou, Ruth curvou-se, saudando aquele que seria o regente de sua coroa.

De joelhos e cabeça curvada, Ruth agradecia, até que a força ali presente envolveu seu espírito com o manto negro... "Ruth não soube descrever ao certo o que sentiu, mas confessou que a vibração em seu espírito fora forte".

Algum tempo depois, a força ali presente pegou o manto negro e o colocou ao chão, diante de Ruth.

Naquele momento, Barnabé disse:

– Plasme seu punhal e coloque em cima do manto, filha.

Sem questionar, Ruth o fez. Em suas mãos plasmou seu punhal, direcionou à sua frente, colocou em cima do manto e, ainda de cabeça curvada, viu que luzes saíram das palhas, indo em direção ao punhal.

Algum tempo depois, já cientes do que havia acontecido, os sábios entoaram um novo canto. E, de forma lenta, a força oculta pelas palhas foi distanciando-se, até que Ruth não pôde mais vê-la.

Sentindo a força que estava em seu espírito, Ruth só conseguia agradecer olhando para seu punhal, que naquele momento emanava luz... Mas ainda não havia terminado.

Ruth ainda estava de joelhos, quando os sábios iniciaram outro canto. Mas, dessa vez, saudaram a força da esquerda... Eles saudavam a força da Guardiã que concederia permissão para Ruth usar seu nome. E, enquanto entoavam, Ruth permaneceu de joelhos, até que, algum tempo depois, uma nova luz surgiu. Dela, duas lindas jovens surgiram. Uma tinha seu espírito imantado por longo vestido vermelho e preto, e um por baixo parecia haver outros. Mas Ruth não soube precisar exatamente o que era naquele momento.

"Porém, hoje, a Guardiã sabe... Por baixo daquele lindo vestido, havia outros... Cada um carregava a força de um Orixá."

A outra linda jovem também tinha seu espírito imantado por um longo e lindo vestido. Porém, era todo negro.

Os sábios ainda entoavam cantos. As duas lindas jovens iam se aproximando de Ruth em lindos passos. E, assim que se aproximaram, uma delas pediu:

– Levante-se, Guardiã iniciante.

De frente às duas lindas jovens, Ruth as admirava, até que uma delas perguntou:

– Como está, linda Ruth? – perguntou com um belo sorriso em sua face.

– Não sei dizer o que sinto, Guardiã Maior. Estou muito feliz e agradecida por tudo o que aconteceu – Ruth ainda tinha seus olhos banhados em lágrimas.

– Também estamos felizes, linda Ruth – disse a outra jovem e prosseguiu: – Mas ela não é a Guardiã Maior... Eu também não sou!... Somos mensageiras dela! E estamos aqui para dizer algumas palavras em nome da Guardiã Maior, e também para lhe entregar o que ela mesma ofertou.

– Estou pronta para ouvir, Guardiãs mensageiras – disse Ruth.

– Bem. A Guardiã Maior deseja que você seja mais uma grande aliada e tenha uma linda evolução espiritual!... Ela também lhe concedeu permissão para usar seu nome de Guardiã. Porém, quer que fique claro em seu mental!... Caso faça mau uso das forças que aqui se apresentaram por intermédio desses sábios, ou difame seu nome de Guardiã, terá de prestar contas com a Lei!... Além de também ser levada até a presença dela. Mas, mesmo que não infrinja a lei, ainda assim será levada até a presença de Guardiã Maior. Afinal, precisa conhecer a rainha que lhe concedeu suas vestes e seu nome – a Guardiã mensageira concluiu com lindo sorriso.

– Guardiãs. Depois de tudo o que fiz e passei, fui resgatada e aceita pela luz – Ruth ajoelhou-se e concluiu. – Jamais difamarei os sagrados nomes dos Orixás e da Guardiã Maior... E ficaria muito honrada em conhecer a rainha Guardiã.

– Levante-se, Guardiã iniciante – pediu uma delas e, depois de olhar por algum tempo para Ruth, prosseguiu: – Estamos felizes por termos mais uma jovem tão linda e que carrega grande fé em seu espírito... Seja bem-vinda à falange das Guardiãs – em seguida, as duas abraçaram Ruth.

Ruth não soube precisar o tempo durante o qual ficou abraçada as Guardiãs mensageiras. Porém, algum tempo depois, não sentiu mais aquele abraço mútuo. E, ao abrir seus olhos, viu apenas os sete sábios e sentiu algo estranho em seu corpo espiritual. E, ao olhar, viu que seu espírito estava imantado com um lindo vestido... Vermelho e preto.

"A partir deste ponto, Ruth será mencionada como Guardiã."

A Guardiã estava abismada. Em seu espírito vieram sentimentos que não soube explicar naquele momento.

– Feliz, filha? – perguntou Barnabé.

A Guardiã curvou-se junto a Barnabé, pegou em suas mãos e agradeceu.

– Não sei dizer o que sinto, senhor. Muito obrigada por tudo o que fizeram por mim... Serei eternamente grata.

– Levante-se, filha. Não precisa agir de tal forma. Sua fé já é o suficiente para que nos sintamos agradecidos... Agora preciso mostrar algo a você... Note que seu espírito está imantado por esse lindo vestido vermelho e preto. Porém, em algumas missões terá de plasmar em seu espírito o vestido negro... Creio que já saiba o porquê disso, não?

– Creio que sim, senhor. A Guardiã Rosa Negra disse-me que, em determinadas situações, ela precisa usar seu vestido negro, pois ele contém a força do Orixá das Almas... Seria isso?

– Exatamente, filha! Principalmente quando for lidar com alguns espíritos que não seguem a luz... Muitos deles não são tolos. Apenas vendo as vestes, as armas e os mantos que os Guardiões e Guardiãs carregam, já sabem qual força ali está... Agora, plasme em seu espírito o vestido negro.

Um tanto em dúvida, a Guardiã perguntou:

– Como farei isso, senhor? Não faço ideia de como plasmar o vestido negro em meu espírito.

– Filha tem fé? – perguntou um dos sábios.

– Claro, senhor...

– Cipriano... pode me chamar assim.

– Sim. Tenho fé, sr. Cipriano.

– Ótimo!... Então feche seus olhos... Agora, mentalize o local onde filha sentia grandes vibrações e gostava de ajudar em missões.

– Devo pensar em um cemitério, senhor? – a Guardiã perguntou.

– Filha fez a pergunta é já tem a resposta... Sim... mentalize a calunga... Agora sinta o desejo de ajudar. Mentalize seu vestido preto e sinta o desejo de que ele tome seu espírito.

A Guardiã o fez.

– Abra seus olhos, filha – pediu o sábio.

A Guardiã abriu, mas sua feição era de não ter sentido nada de diferente... Mas enganou-se.

Sorrindo, o sábio disse à Guardiã:

– A fé é base de tudo, filha!

Naquele momento, a Guardiã olhou e viu que seu espírito estava imantado com o vestido preto, e ficou abismada.

Sorrindo, Barnabé disse:

– Isso se chama magia, filha! Quem a concede precisa ter conhecimento sobre ela. E quem irá recebê-la, precisa apenas ter fé!... Mas é claro que com tempo filha aprenderá a plasmar de forma mais rápida seus vestidos.

A Guardiã assentiu com a cabeça concordando com o que ouvira. Em seguida foi em direção a Joaquim, ajoelhou-se e também agradeceu.

– Muito obrigada, sr. Joaquim.

– Mantenha sua fé, filha. Assim, sempre me sentirei agradecido.

A Guardiã foi em direção de cada um dos sábios que ali estava, ajoelhou-se e agradeceu a todos. Em seguida, ajoelhou-se, ergueu sua cabeça e, em poucas palavras, fez grande agradecimento ao nosso Ser Supremo.

– Senhor! Obrigada por conceder-me vosso perdão. Obrigada por colocar em meu caminho seres de luz para que pudessem ajudar-me... Serei eternamente grata ao Senhor por tudo o que aconteceu e pela missão que a mim fora concedida, mesmo sem ainda saber qual será tal missão.

A Guardiã ainda estava de joelhos. Naquele momento, os sábios, cientes da missão que a ela foi concedida, direcionaram suas mãos. Delas, fechos de luz saíram, indo em direção à Guardiã. Em seguida, Barnabé pediu.

– Pegue seu punhal e o manto, filha... Agora, oculte o punhal e cubra seu espírito com o manto que recebeu do Senhor Das Almas.

Com seu espírito oculto pelo manto, a Guardiã ainda sentia que os sábios irradiavam sobre ela. Então, mesmo sem mentalizar tal ação, seu espírito fora lançado para seu ponto de força.

– Levante-se, filha – pediu Barnabé.

A Guardiã levantou-se, tirou o manto que cobria seu espírito e viu que estava em um cemitério, conhecido por ela. E, próximo, viu que estavam os Guardiões... Exu Sete Capas, Exu do Ouro, Tranca-Ruas e Guardiã Rosa Negra... Além de outros Guardiões... Todos plasmados com suas vestes e com suas armas de proteção em mãos.

A Guardiã não sabia o porquê de todos estarem ali. Mas havia um motivo. Como a Guardiã, mesmo ajudando dentro da lei, ainda sentia que algo em seu passado ainda trazia mágoas em seu espírito, os Guardiões, Rosa Negra e os sábios desconfiaram de que a Guardiã iria querer se ver livre daquele tormento. Então, decidiram se precaver, reunindo outros Exus Guardiões e buscando outorga da Lei.

A Guardiã olhava tudo naquele imensa calunga, olhava para os Guardiões, para Rosa Negra e para os outros que ali estavam. Sua feição era de felicidade. Parecia já sentir qual seria sua missão.

Ainda feliz, a Guardiã olhou para Barnabé e perguntou:

– Senhor. Já estive nesse cemitério. Lembro-me de que o senhor disse que aqui não havia um Guardião. Que os Guardiões se revezavam entre eles... Aqui será...

– Sim, filha! – afirmou Barnabé e prosseguiu. – Aqui será seu ponto de força! Depois de toda ajuda junto a outros Guardiões e Guardiãs e mostrando grande desenvoltura quando agia em cemitérios, não tenho dúvidas de que as forças Divinas a colocaram onde desempenhará com afinco seu trabalho como Guardiã... Por que filha está aqui?... Para vigiar! Em breve, você será levada até o portal que dá acesso onde ficam os espíritos que precisam ser esgotados para serem direcionados. Como a Guardiã Rosa Negra, você também precisará vigiar a estes, até que possam ser levados a novos caminhos... Por que filha foi regida pelas sete forças?... Porque, além de poder agir nos setes campos vibratórios, quando estiver em missões em templos, saberá exatamente o que fazer, qual vestido plasmar e qual força deverá trazer em seu espírito, dependendo de qual demanda for desfazer... Além de também poder agir com os que estão em vida na carne quando estes precisarem de auxílio de determinada força Divina ou até mesmo quando ofertarem algo... Você receberá o que for ofertado e fará o que for necessário para ajudar, trabalhando com a essência... Porém, tudo dentro da Lei Maior!... Enquanto estiver agindo na Lei, carregará essas forças em seu espírito, terá a missão de proteger e guardar os mistérios que aqui existem. Enquanto estiver agindo na Lei, será mais uma dentre tantas moças que levará o axé aos que estão na carne, mas que também recolherá, caso alguém não mereça ou faça mal uso do nome que filha agora carrega. Porém, Preto precisa reforçar o que foi dito pelas mensageiras da Guardiã Maior... Caso transgrida a Lei ou faça mau uso de seus dons e força, não tenha dúvidas de que terá de prestar contas!... Compreendeu tudo o que ouviu, filha?

– Sim, sr. Barnabé.

– Ótimo! – disse Barnabé, deu alguns passos em direção à Guardiã e a saudou. – Estou orgulhoso! Agora, filha, é mais uma falangeira da grande Rainha Guardiã! Aquela que lhe concedeu permissão para carregar seu nome!... Eu saúdo vossa força, filha! Agora, de Ruth, filha passa a ser Maria Padilha das Almas! A Guardiã das Sete Catacumbas!

Naquele momento, todos os Guardiões que ali estavam curvaram-se.

– O que eles estão fazendo, senhor? – a Guardiã perguntou sem nada entender.

– Estão saudando a força de Maria Padilha das Almas, filha... É um gesto normal entre Guardiões e Guardiãs.

Creio não ser preciso dizer qual foi a reação da Guardiã, não? Depois de todo sofrimento que passou quando em vida na carne, depois de sofrer em espírito e aliar-se às trevas de forma forçada, acreditou, viu que podia mudar seus caminhos, aliou-se aos Guardiões e às Guardiãs e ouviu os conselhos dos sábios que lhe apresentaram as forças Divinas... E qual foi o resultado?... A linda jovem deixou de ser Ruth e tornou-se a linda Guardiã, Maria Padilha Das Almas.

Algum tempo depois de já estar equilibrada, a Guardiã estava feliz por um lado, mas triste por outro... Algo em seu passado ainda fazia parte de seu presente. Porém, mesmo assim, caminhou até Barnabé e disse:

– Senhor. Por mais que diga que não preciso curvar-me diante de seu sagrada presença, preciso ser grata por tudo o que fez por mim.

– Diga-me uma coisa, filha: Tal gesto faz bem a seu espírito?

– Sim, senhor. Sinto algo bom em meu espírito quando agradeço aos seres de luz.

– Pois então, filha, enquanto esse gesto fizer bem a seu espírito, sinta-se à vontade para agradecer de tal forma. Afinal, meu desejo é que filha evolua mais e mais.

A Guardiã curvou-se diante de Barnabé, pegou em suas mãos e agradeceu. Em seguida, caminhou em direção aos Guardiães e às Guardiãs que ali estavam, curvou-se e disse:

– Sou imensamente grata a todos! E saibam que farei questão de agradecer cada gesto e ensinamento que foi passado a mim.

– Somos gratos por tê-la como aliada, Guardiã, Maria Padilha das Almas – disse o Exu das Encruzilhada.

Algum tempo depois, Barnabé havia esclarecido quase todas as dúvidas da Guardiã quanto sua à missão. Se bem que grande parte do que hoje faz a Guardiã aprendera com o passar dos tempos.

Os Guardiões ainda estavam no cemitério. A Guardiã Rosa Negra também. Barnabé ainda falava algumas coisas para a Guardiã, mas também sentia o que seu espírito emanava naquele momento.

– Bem, filha. Creio ter dito boa parte de como será vossa missão. Porém, aprenderá muito com o passar dos tempos.

– Obrigada, senhor – a Guardiã agradeceu. Porém seu espírito ainda emanava certa tristeza por algo que havia cometido.

– Bem... Está pronta para ser uma Guardiã? – Barnabé perguntou, mas parecia já saber a resposta.

Naquele momento, a Guardiã olhou para todos os que ali estavam, olhou para a imensa calunga, olhou para Barnabé e disse:

– Bem, senhor. Se para trabalharmos na Lei é preciso ocultar nosso passado sombrio para que este não interfira em nossa evolução, não estou pronta para ser uma Guardiã! – afirmou.
– Se quiser falar sobre...
A Guardiã contou a Barnabé parte do que passou em vida na carne e após seu desencarne. E ao final disse:
– Por mais que a carne que mantinha meu espírito tenha sido tocada de forma forçada, eu não tinha o direito de fazer o que fiz. Tinha de pedir ao nosso Criador Maior que me protegesse e me livrasse daquele sofrimento... Mas não!... Tomei minhas decisões... Fiz minhas escolhas e por elas paguei! Mas...
– Filha carrega sentimentos de culpa em seu espírito... Era isso o que iria dizer? – perguntou Barnabé.
– Sim, senhor.
– E se por acaso ele não for mais um escravo das trevas? E se por acaso seu espírito evoluiu para o lado negativo e tornou-se um chefe?... E se por acaso ele foi resgatado ou por algum outro motivo não esteja mais no mesmo lugar?
– Só terei essas respostas tentando, senhor. Mas de qualquer forma saberei que tentei.
– Sábia resposta, filha... Então, se ir ao encontro dele fará com que esse peso saia de seu espírito, vá e faça o que deseja.
– Tenho vossa permissão, senhor?
– Minha permissão? – Barnabé perguntou e sorriu. – Quem sou para lhe conceder permissão, filha?... Quem outorga é nosso Pai Maior! Aliás, essa permissão já lhe foi concedida... Ou acha que essa grande falange de Guardiões e Guardiãs estão aqui por estar? – novamente Barnabé sorriu e concluiu. – Vá ao resgate, filha!
– Obrigada, senhor. E tenha certeza!... Isso fará com que essa culpa deixe de uma vez por todas meu espírito! – disse a Guardiã e ficou olhando para os Guardiões.
Segundos depois, um dos Guardiões perguntou
– Algum problema, Guardiã?
– Não, Guardião. Só estou esperando para segui-los... Os Guardiões, Sete Capas e Tranca-Ruas sabem os caminhos para chegarmos até onde fiquei presa por tempos.

— Sim! – afirmou o Exu Sete Capas. – Sabemos os caminhos. Mas não seremos nós que direcionaremos os demais.

— Como assim, Guardião? – a Guardiã perguntou sem nada entender.

O Exu do Ouro aproximou-se da Guardiã para tentar explicar e dizer quem iria direcionar os demais Guardiões.

— Eu saúdo vossa força, linda e jovem Guardiã, Maria Padilha das Almas – era o Exu do Ouro quem falava de forma cortês com a Guardiã. – Agora, depois de ter sido regida, carrega em seu lindo espírito as forças de nossos sagrados Orixás. E com essa força, minha rainha...

— Ahh!!! Por favor, meu amigo!! – esbravejou o Exu Sete Capas e prosseguiu: – Para que usar tantas palavras deslumbrantes justo nesse momento!... Temos uma missão! – em seguida se dirigiu à Guardiã:

— Guardiã, o que ele está querendo dizer é que agora você é uma Guardiã de Lei! Esse resgate é seu!... Você tomará a frente! Nós que iremos segui-la!... Estamos apenas aguardando que lance seu espírito para seguirmos!

Com um leve sorriso em sua face, o Exu do Ouro disse ao Exu Sete Capas:

— O companheiro precisa tentar manter a calma.

— Estou contando com sua ajuda para isso, companheiro. – Disse o Guardião Exu Sete Capas.

Um tanto pasma, a Guardiã perguntou:

— Mas acabei de ser regida. Como farei um resgate sem ao menos saber como devo agir?... Nunca fiz um resgate antes!!!

— Pensei da mesma forma em meu primeiro resgate, Guardiã – era o Exu Sete Capas quem falava. – Mas mesmo assim fui para minha missão. Juntei as forças que regem meu espírito, empunhei-me de minhas armas e tive sucesso!... É claro que tive de dar um jeitinho para ter sucesso... Mas não fiz nada que a Lei não permite.

— Faça isso, filha – era Barnabé quem falava. – Estás regida pela Lei e por ela estará protegida... Vá, Guardiã! Plasme seu vestido negro e vá ao resgate. Se for preciso use de suas forças, a força da Lei, vosso manto negro e punhal e a força do Orixá das Almas!... E claro: A força da Guardiã Maior, Maria Padilha das Almas. Pois, agora, és uma falangeira dela! E, caso queira trazê-lo para essa calunga, estarei aqui para conversar com ele.

A Guardiã assentiu com a cabeça concordando com o que ouvira. Chegara o momento... Sua primeira missão regida pelas Forças Divinas.

Sim. A Guardiã sentia que a única forma de tirar aquele peso de seu espírito era tentando tirar das trevas aquele que fora seu pai. Mesmo sem saber o que havia acontecido... Se ele ainda era um escravo das trevas ou um trevoso... Mas isso não faria diferença.

O Resgate... Perdoar Pode Não Ser Fácil... Mas Pode Aliviar Nossa Alma

Sem mais esperar, a Guardiã plasmou em seu espírito seu vestido negro e lançou-se em uma velocidade vertiginosa. Seguindo sua força, atrás, iam os Guardiões e as Guardiãs... Em pouco tempo já estavam no local onde havia a passagem para o lugar onde a Guardiã ficou presa por tempos.

O local ainda era um terreno abandonado. Espíritos negativos jogavam suas vibrações ali para que ninguém se aproximasse... Casas?... Até havia. Mas, bem distante daquele local.

– O portal ainda está ali – era o Guardião Tranca-Ruas quem falava. – Mas há um ser protegendo a passagem.

– Creio que não teremos problemas com ele – era o Exu Sete Capas quem falava. – Em sua maioria, esses que cuidam de portais impedem que outros trevosos que não são do mesmo grupo adentrem. Quando um espírito que trabalha na lei vem em missão, quase sempre consegue negociar.

– Isso é verdade – disse o Exu Tranca-Ruas e se dirigiu à Guardiã Maria Padilha. – Faça as honras, Guardiã. Tente negociar. Caso não tenha acordo, faremos acordo do nosso jeito... Mas vamos seguir com a missão!

A Guardiã plasmou um véu negro em sua face e caminhou até o portal. Não teve problemas naquela primeira etapa.

– Boa noite, Guardiã – era o ser que tomava conta do portal quem falava. – Não precisa nem falar... Com tantos Executores da

Lei junto a você, sei que estão em missão... Não vou impedir que adentrem. Por mim, podem passar pelo portal... Mas não me responsabilizo caso outros tentem atacá-los!

– Seria uma péssima escolha se tentarem! – afirmou a Guardiã plasmado seu punhal e se dirigiu aos outros. – Vamos, senhores Guardiões!

Antes de passarem pelo portal, o Exu Sete Capas disse a dois de seus aliados:

– Companheiros, preciso que fiquem aqui ao lado dele. Não podemos subestimar nenhum deles. Se por acaso ele fechar o portal, poderemos ter problemas para sair.

– Fique tranquilo, meu amigo – era o Exu Treme-Terra quem falava. – Podem seguir. Tomaremos conta para que o portal fique ativo.

– Obrigado, companheiros.

Assim que todos passaram pelo portal, a Guardiã Maria Padilha perguntou ao Exu Sete Capas:

– E se por acaso ele fechar o portal, Guardião?

– Acharemos outra saída... Mas aquele ser não é tolo... Os dois Guardiões que estão lá fora carregam o nome e a força do Guardião Maior, Exu Treme-Terra!... Além disso, até onde sei, se for preciso esgotar um ser que não trabalha na Lei, não pensam duas vezes!... Ainda mais quando estão em missão!

A Guardiã e os demais caminhavam por aquela passagem sombria. Passagem essa conhecida pela Guardiã e pelo Guardião Tranca-Ruas, pois ali serviram como escravos das trevas.

Assim que chegaram ao final da passagem, alguns trevosos avistaram os Guardiões e, para se proteger, um deles plasmou uma lança em suas mãos e foi na direção da Guardiã. Essa, por sua vez, direcionou seu punhal e o alertou.

– Vai tocar em meu espírito?!... Atreva-se!... E desperte o que em mim está oculto quando se trata de lidar com os que um dia foram homens na carne! – a Guardiã alertou olhando de forma séria para aquele ser e concluiu: – Faça sua escolha e eu farei a minha!... E não me responsabilizo pelas ações desses Guardiões!

– Eu, em seu lugar, não iria gostar de sentir esse punhal em meu espírito, meu amigo – era o Exu do Ouro quem falava. – Isso não é uma ameaça... É só um aviso.. A escolha é sua!

Aquele ser não era tolo. Sumiu em uma fração de segundos. Os outros que ali estavam, sentindo a força que emanava das vestes e armas dos Guardiões e das Guardiãs começaram a lançar seus espíritos para longe dali.

A Guardiã e os aliados caminhavam por entre aquela parte das trevas. Dentre tantas coisas que viam, avistaram também diversos espíritos que estavam presos. Alguns pediam ajuda, outros, nem seus olhos conseguiam abrir... Estavam esgotados... Mas quanto a esses, nada podia ser feito naquele momento.

Eles ainda caminhavam, quando o Exu Tranca-Ruas perguntou:

– Ainda se lembra do caminho até onde fica o chefe, Guardiã?

– Sim... Não estamos longe.

Depois de mais um tempo caminhando, eles chegaram onde o chefe estava. Ao seu lado, havia outros seres trevosos... Eram seus seguidores.

Assim que o chefe viu aquela falange, indagou:

– O que querem aqui, Executores da Lei?!! – indagou de forma um tanto grosseira o chefe.

– Estamos em missão! – era a Guardiã quem falava. – Viemos resgatar um ser que deve estar preso entre os que aqui ficam!

– E quem é você que se dirige de tal forma a mim?!! – o chefe indagou de forma séria a Guardiã Maria Padilha.

A Guardiã tirou o véu que cobria sua face, olhou de forma séria para o chefe e disse:

– Um dia fui sua escrava!... Mas hoje sou Maria Padilha das Almas! A Guardiã das Sete Catacumbas!... Creio isso que seja o suficiente para responder a sua pergunta, não?

O chefe ficou olhando para a Guardiã por algum tempo. Parecia querer lembrar dela. E, enquanto a observava, podia sentir a força que a Guardiã carregava. Parecia estar preocupado.

Porém, por outro lado, um de seus seguidores, sem ao menos se preocupar com o que poderia lhe acontecer, disse:

– Chefe. Se quiser, posso dar um jeito nela. Posso mostrar a ela do que sou capaz de fazer com essas que carregam grande beleza – disse ele e olhou de forma estranha para a Guardiã.

Naquele momento, os Guardiões empunharam suas armas... Mas nem precisaram fazer nada. Pois, não gostando de ouvir que seu espírito poderia receber vibrações negativas vindas daquele ser, a Guardiã, com seu punhal em mãos, caminhou até ele e, sem muito pensar, cravou o punhal em seu peito e disse:

– Precisa pensar antes de dizer essas insanidades, ser das trevas! Se por acaso eu sentir que quer tocar em mim ou emanar de forma negativa, esgotarei o pouco que resta em seu espírito!... Fui clara?! – A Guardiã perguntou de forma séria olhando para aquele ser que já estava caído ao solo em decorrência da força que o punhal descarregava em seu espírito.

– Tire seu punhal, Guardiã! Por favor! – implorou aquele Ser ainda caído ao solo.

Naquele momento, o chefe não teve dúvidas de que a Guardiã fora uma de suas escravas. E, vendo a forma como ela agia e todos os Guardiões, achou melhor colaborar.

– Guardiã, pode tirar seu punhal dele. Tem minha palavra de que esse imbecil não vai falar mais nada!

A Guardiã tirou seu punhal daquele ser. O chefe então o levantou, pegou em seu pescoço, prensou-o contra a parede e, aos gritos, disse::

– Ficou louco, seu maldito imbecil!!! Sabe com quem está falando?!!! Tem noção da força que ela carrega?!!!... Tentou ao menos sentir o que vibra nesse punhal e nesse manto negro que ela carrega?!!!... Não!!! Você nem tentou, seu estúpido!!!... Se eles estão em missão, precisa saber negociar!!! E não tentar satisfazer seus desejos insanos que tinha na carne, maldito descontrolado!!!... Se quer saciar seus desejos, vá atrás de uma perdida que carrega essa mesma vontade!!!... E nunca mais tente fazer isso com uma executora da Lei, seu verme maldito!!!... Agora, eu vou soltá-lo e você vai sumir da minha frente!!!.... Entendeu, miserável?!!! – o chefe estava furioso.

Aquele ser apenas balançou a cabeça dizendo que sim. Não conseguia nem falar.

Assim que o chefe o soltou, em uma fração de segundos aquele Ser sumiu.

– Pronto, Guardiã. Aquele maldito insano não a incomodará mais. Meus outros seguidores também não!... Tem minha palavra... Agora já pode baixar suas armas. E seus aliados também.

– Por acaso, alguns dos seus tentará se aproximar de nós?

– Claro que não, Guardiã! Eles não são loucos! – afirmou o chefe.

– Por acaso, você tentará algo contra algum de nós?

– Acha que sou idiota, Guardiã?!... Já dei minha palavra que nenhum de nós tentará algo!... Posso viver nas trevas, mas não sou estúpido!

– Ótimo! Então, não têm por que se preocupar. Manteremos nossas guardas enquanto estivermos aqui! – afirmou a Guardiã Maria Padilha.

Percebendo que a Guardiã e seus aliados não mudariam de ideia...

– Então, façam como acharem melhor! – disse o chefe, e prosseguiu. – Agora vamos... Mostre-me quem precisam levar.

O chefe foi na frente. E, com suas armas de proteção em mãos, os falangeiros da Lei o seguiam.

O local onde muitos ficavam presos naquela parte era imenso. Mas, depois de algum tempo procurando entre os que estavam presos, onde também havia alguns esgotados, o Guardião Tranca-Ruas viu um ser caído. E, assim que viu sua face, lembrou-se do dia em que esteve na casa daquele ser, quando foi forçado pelo chefe a fazer a Guardiã de escrava...

– É ele! – o Guardião afirmou em seu mental. Em seguida se dirigiu à Guardiã Maria Padilha. – Ali está ele, Guardiã.

Eles se aproximaram do ser que estava caído.

– É esse aqui que vieram resgatar?! – perguntou o chefe em tom irônico e prosseguiu: – Sinta-se à vontade, Guardiã! Já fiz de tudo para me livrar desse maldito peso morto! Já o levamos para fora diversas vezes, mas ele sempre volta!... Depois de tudo o que fez contra a carne que mantinha seu espírito, Guardiã, esse maldito abusador sente grande repúdio de si mesmo!... Podem levá-lo! É um favor que

farão a mim – disse o chefe. Em seguida se dirigiu a seus seguidores:
– Se algum de vocês apenas olhar para ela, farei questão de esgotar o maldito!!!... Fui claro?!!

Os seguidores do chefe saíram no mesmo momento. O chefe saiu em seguida.

– Ele está esgotado, Guardiã – era o Exu Sete Capas quem falava. – Se quiser, podemos revigorar seu espírito. Um dos nossos aliados tem esse dom.

A Guardiã ficou olhando por algum tempo para aquele ser esgotado. Naquele momento, tudo o que havia passado quando em vida na carne veio em seu mental. Para ela foi impossível ver aquele que a chamava de filha e não se lembrar dos abusos que sofreu em suas mãos.

Algum tempo depois, a Guardiã ainda estava séria, parecia querer desistir... Mas não... Pois sabia que aquele resgate aliviaria o peso do que fez em vida na carne... Quando tirou a vida daquele que a chamava de filha.

A Guardiã ainda olhava para aquele Ser. Parecia estar longe, quando o Exu Sete Capas se dirigiu a ela:

– Guardiã, você está bem?

– Sim. Só estive longe por algum tempo... Pode pedir para seu aliado que o regenere.

Um dos Guardiões que ali estava tirou um tridente de dentro de sua capa e colocou sob o peito daquele Ser. Então, alguns segundos depois, ele já dava sinais de estar se revigorando. E, assim que abriu seus olhos, assustou-se ao ver dezenas de Guardiões perto de si.

– Quem são vocês?!! O que querem de mim?!! – perguntou ele um tanto temeroso.

– Somos Guardiões de Lei!... Acalma-se! – disse o Exu Sete Capas.

Naquele momento aquele Ser olhou para a Guardiã que ainda estava com seu longo vestido negro. E, ao ver sua face, não acreditou.

– Ruth?!!... É você, filha?!! – perguntou espantado.

– Não!.. Ruth morreu!... Sou uma Guardiã!... Maria Padilha das Almas! – a Guardiã afirmou de forma séria.

– Ruth!... Por favor, minha filha!!!... Sei que você está aí!... Perdoe-me!...

– Vamos levá-lo para o cemitério, senhores Guardiões – disse a Guardiã, sem dizer se perdoaria ou não aquele Ser.

Já do lado de fora, quase todos os falangeiros da Lei lançaram seus espíritos para o cemitério onde seria o ponto de força da Guardiã. E, os que ficaram junto ao ser que estava esgotado, fizeram uma viagem de forma gradativa, pois aquele espírito não aguentaria seguir na velocidade vertiginosa que os Guardiões lançavam seus espíritos.

Algum tempo depois, a Guardiã e alguns aliados já estavam no cemitério. Os outros chegaram em seguida. E, junto deles, estava o ser que fora pai de Ruth.

Sua feição era de pura tristeza. Em seus olhos, lágrimas de arrependimentos escorriam, a ponto de nem conseguir olhar para a Guardiã. Porém, mesmo assim, ele se ajoelhou perto dela e, cabisbaixo pediu:

– Por favor, minha filha!!!... Eu lhe suplico!!!... Perdoe-me!!!... Sinto nojo de mim mesmo sempre que lembro o que fiz contra você!!!... Não tenho nem coragem de ir em busca de outros caminhos.

Naquele momento, todos olhavam para a Guardiã. Esperavam para ver qual seria sua reação ao ouvir as palavras daquele que fora seu pai. Palavras essas que realmente ecoaram em tom de sinceridade... Mas já era tarde. A Guardiã já havia tomado sua decisão.

Depois de algum tempo pensando de forma séria, em tom firme, a Guardiã se dirigiu a ele:

– Seus caminhos, a partir de hoje, serão trilhados segundo suas escolhas!... Você foi resgatado por seres que seguem a luz e por ela poderá seguir, se assim for digno e permitido!... E se meu perdão for aliviar a dor em seu espírito... Sinta-se perdoado!... Mas não torne a me chamar de filha!... Sua filha morreu!.... Agora, sou filha da Lei! E tenho como Pais o Orixá das Almas e a Guardiã Maior! – afirmou a Guardiã. Em seguida se dirigiu aos Guardiões: – Senhores. Agradeço a ajuda de todos. – Em seguida se dirigiu a Barnabé: – Senhor, para mim, essa missão termina aqui! Sou grata por tudo! E mais ainda por ter me ajudado a tirar o peso que eu carregava desde meu desencarne... Agora me sinto aliviada!... Já posso seguir minha missão como

Guardiã! – Em seguida se dirigiu a todos os que ali estavam. – Peço a licença de todos... Vou caminhar para conhecer meu ponto de força.

– Sinta-se à-vontade, filha – era Barnabé quem falava. – Mas antes que vá, preciso dizer... Sua missão foi cumprida segundo a Lei!... E filha não será cobrada pela decisão que acabou de tomar!... Agora vá, Guardiã!... Conheça sua calunga.

A Guardiã lançou-se para outro canto do cemitério. Quanto àquele ser, ainda sentia repúdio de si.

– Vou dizer algo a você – era o Exu Sete Capas quem falava com aquele ser esgotado. – Aceite, se quiser, e entenda como quiser!... Nossos erros, hora serão cobrados! Porém, às vezes, somos cobrados por nós mesmos!... Cometemos tantas insanidades em vida na carne ou em espírito que sentimos repúdio de nós mesmos... Mas acredite!... Sempre há uma luz a ser seguida!. Basta saber enxergar... A vida é feita de escolhas, meu amigo!... Você fez a sua... A Guardiã fez a dela! E pelo tempo que a conheço, a decisão que ela tomou não mudará! E, como ela mesma disse, seus caminhos, a partir de agora, dependem mais de você do que dos Seres de Luz!

Outros Guardiões até tentaram dialogar com aquele ser. Barnabé também tentou. Mas o que ele sentia em seu espírito fez com que se sentisse o pior ser. E, em consequência do que fez em vida na carne e até mesmo em espírito, saiu daquele cemitério e novamente se entregou às trevas.

Quanto à Guardiã... Seu espírito estava livre do peso pelo que havia feito em vida na carne... Não!... Perdoar aquele que a chamava de filha não fez com que aquela triste parte de seu passado fosse apagada de seu mental... Mas lhe deu forças!... Forças para seguir como Guardiã daquela imensa Calunga.

Maria Padilha das Almas.
A Guardiã das Sete Catacumbas

Anos mais tarde, já trabalhando em seu ponto de força e depois de ter participado de diversas missões naquela calunga e também fora dela, em determinado dia, a Guardiã estava em seu ponto de força, quando um ser de aspecto estranho e vestes rasgadas adentrou no cemitério e foi em direção à Guardiã.

Assim que viu aquele ser com suas vestes rasgadas, a Guardiã sorriu e disse:

– Pode estar plasmado como um estranho, mas posso sentir sua força, Guardião.

Sim. Aquele ser era um Guardião de Lei que rondava pelas ruas de fora daquele cemitério. Ele foi ao encontro da Guardiã, pois há alguns dias vinha notando algo de estranho próximo àquele cemitério.

– Salve, Guardiã Maria Padilha das Almas!... Já vi que não é fácil enganá-la, não? – disse ele e sorriu.

– Olá, Senhor Guardião... – a Guardiã fez uma breve pausa, sorriu e prosseguiu. – Bem, depois de tudo o que passei, aprendi a sentir a força dos que trabalham na lei e dos que não a seguem... Por que está plasmado como se fosse um ser que segue as leis das trevas, Guardião?

– Eu estava vigiando, Guardiã. Há algum tempo venho notando a presença de um ser próximo a esse cemitério. Ele é um jovem, mas aparenta carregar muitos dons. Pelo que pude ouvir, ele está tentando "ajudar" um casal.

O Guardião contou à Guardiã como aquele jovem em espírito queria "ajudar" a um casal. Disse que pôde ouvir boa parte da conversa entre o casal, por que queriam entrar naquele cemitério e o que aquele jovem em espírito direcionava ao mental deles.

— De forma resumida, é isso, Guardiã. O casal quer saudar a linha das almas, mas também quer pedir por eles. Mas, em virtude da falta de conhecimento e por estarem passando por certo desequilíbrio na relação, forças negativas se aproximaram e começaram a irradiar suas forças... Mas ainda assim querem fazer a oferta nesse cemitério.

— E o ser que está acompanhando o casal quer se aproveitar da situação para tentar pegar para si a energia do que será ofertado... Estou certa, Guardião?

— Exatamente, Guardiã!

— Bem. Esse cemitério é um campo de força protegido. Mas, se aquele ser quer entrar junto ao casal, deixemos que entre... Aqui entra quem quer e pede o que quiser!... Pediu o bem, o bem terá segundo a Lei!... Pediu o mal...

— Vai ter que aceitar a lei do retorno!... Não é mesmo, Guardiã?

— São escolhas, Guardião! Nosso Ser Supremo nos dá esse direito!... É exatamente como você disse... Se temos o direito de escolha, temos de aceitar as consequências!... E não importa se estamos em vida na carne ou em espírito.

A Guardiã conversou por mais algum tempo com aquele Guardião e decidiram como iriam agir.

Dias depois, o casal decidiu que iriam fazer sua oferta para a linha das almas dentro daquele cemitério. E, como não tinham muito conhecimento e ainda estavam recebendo irradiações de forças negativas e até mesmo daquele jovem em espírito, estavam sujeitos a ofertarem de forma errada, sem saber o que poderia acontecer.

Palavras do Preto-Velho:
"Quando vamos fazer alguma firmeza ou ofertar algo as forças da Lei, é imprescindível que estejamos equilibrados. Pois, até mesmo uma vela acesa de forma errada, pode ser manipulada por forças negativas".

O casal foi até o cemitério em uma noite quando diversas pessoas lá estavam se despedindo de seus entes queridos. Então, foram para um determinado canto próximo ao cruzeiro das almas, acenderam suas velas, fizeram suas preces e começaram a fazer suas ofertas. E, em seus mentais, além de saudarem as almas, estavam pedindo por eles também. E, ao lado do casal, lá estava aquele jovem em espírito esperando por um brecha para poder se aproveitar.

Alguns minutos depois, o casal ainda estava em prece, o jovem em espírito estava ao lado, quando dois seres desconhecidos se aproximaram... Um com suas vestes rasgadas aparentando ser um espírito trevoso e a outra com um vestido branco, aparentando ser um espírito perdido.

O que aparentava ser um trevoso se dirigiu ao jovem em espírito...
– Olá, meu jovem, o que faz aqui?

Despreocupado e certo de que os dois à sua frente eram seres das trevas, aquele jovem respondeu de forma um tanto grosseira:
– Não está vendo, seu estúpido?!! Estou esperando para me aproveitar dessa situação!!!

Ao ser chamado de estúpido, aquele ser balançou a cabeça de forma negativa e perguntou:
– É normal para você chamar a um desconhecido de estúpido?... Parece que não se preocupa com seu destino, não é mesmo, meu jovem?
– E o que quer que eu diga, seu imbecil?! Não percebeu o que estou fazendo?! Deveria aproveitar para pegar algo para você também, ao invés de ficar dizendo besteiras!
– Não preciso disso... Aliás, seria sábio de sua parte se mudasse de ideia – alertou aquele ser plasmado com vestes rasgadas.
– Ah!... Deixe de dizer besteiras, seu maldito!... Vamos!... Vá embora daqui!... Está me atrapalhando!... E leve essa miserável sofredora junto!

O ser, com vestes rasgadas, ficou em silêncio por alguns segundos, em seguida se dirigiu a que estava ao seu lado.
– Acho que ele não entendeu o recado... Faça as honras, moça!

O casal ainda estava em prece. Não notaram o que acontecia e o que iria acontecer do lado espiritual.

Certa de que aquele ser em espírito estava agindo de forma errada, porém também vendo que não carregava tantas maldades em seu espírito, a que estava de vestido branco "supostamente perdida" disse.

– Meu jovem, não acha melhor ir embora?... Esse casal está pedindo e ofertando dentro da Lei... Eu, em seu lugar, desistiria dessa escolha! – alertou.

– Ah!!! Cale essa boca, sua miserável!... Quem é você para dizer o que devo ou não, fazer?!... Olhe!... Agora sou eu que vou alertá-la!... Você não tem ideia do que posso fazer com espíritos que foram mulher na carne e carregam grande beleza como você! Se continuar a me perturbar, farei com que sinta os desejos que tive na carne!... E olhe que posso esgotar seu espírito em uma fração de segundos!

Ao ouvir isso e conhecendo o que aquela moça passou em vida na carne e o que ela carregava oculto em seu espírito, o ser que estava com suas vestes rasgadas disse:

– Ah, meu jovem! Se eu fosse você não teria dito isso... Você não faz ideia com quem está falando!... Vou até sair de perto para não sentir seu sofrimento! – e afastou-se.

Ao ouvir que poderia sentir irradiações negativas em seu espírito e ainda carregando certo rancor dos que foram homens pelo fato de tudo o que passou, aquela moça plasmou seu punhal e, sem pensar duas vezes, cravou no peito daquele jovem em espírito, fazendo com que ele fosse lançado a alguns metros, ficando caído ao solo próximo ao cruzeiro das almas. Em seguida, plasmou em seu espírito seu vestido vermelho, foi em direção ao jovem e, olhando de forma séria, disse:

– Deveria pensar antes de dizer tais insanidades, ser das trevas!

– Quem é você?!? – perguntou ele, ainda jogado ao solo e agonizando com o punhal cravado em seu peito.

– Eu não deveria... Mas vou dizer... Sou Maria Padilha das Almas!... A Guardiã das Sete Catacumbas!... Sou a Guardiã desse cemitério!... Se você soubesse o que despertaria em meu espírito, não teria dito tais insanidades!... Mais alguma pergunta?

Já era tarde. Aquele ser fez sua escolha ao dizer que poderia irradiar seus desejos carnais contra a Guardiã. Ela, por sua vez, agiu conforme achou que deveria... Além do que, aquele ser havia entrado em seu ponto de força. Logo, deu o direito para que a Guardiã agisse conforme a Lei.

Ainda agonizando jogado ao solo, aquele ser pediu:

– Por favor, Guardiã!... Tire isso do meu peito!

– Vou tirar quando achar que devo! – afirmou a Guardiã.

O Guardião que estava junto à Guardiã aproximou-se e disse:

– Eu tentei alertá-lo, meu jovem. Mas você não quis ouvir. Além disso, tentou afrontar a Guardiã!

– Eu não sabia que vocês eram Guardiões!... Por favor!... Me libertem!

– É aí que está o problema, meu jovem... Tentar afrontar um desconhecido... Precisa aprender a nunca subestimar um! – orientou aquele jovem, em seguida se dirigiu à Guardiã. – Esse é seu ponto de força, Guardiã... Faça o que achar melhor... Esse ser lhe deu esse direito!

Algum tempo depois, o casal já havia ido embora, deixando próximo ao cruzeiro das almas suas velas e a oferta.

Aquele ser ainda estava caído. A Guardiã ficou olhando para ele por algum tempo, pôde sentir o que vibrava naquele espírito jovem. Então, decidiu o que iria fazer com ele... Tirou seu punhal do peito dele e pediu ao Guardião ao seu lado...

– Guardião. Poderia fazer a gentileza de trazer esse ser? – pediu a Guardiã. – Depois voltarei para recolher o que foi ofertado.

– Claro, Guardiã! – disse o Guardião, plasmou uma corrente em suas mãos e prendeu no pescoço daquele ser.

– Por favor, senhor Guardião! Não faça isso! – pediu aquele Ser.

– Olhe, se você não tivesse me chamado de estúpido, imbecil e maldito, talvez eu não estaria fazendo isso. Mas, como fez sua escolha, estou fazendo a minha... Vamos!... Levante-se!

Certo de que poderia ser cobrado pela Lei pelo que estava fazendo, aquele ser negou-se a se levantar... Mas, mesmo, assim o Guardião o levaria.

– Não vai se levantar? – perguntou o Guardião. – Não tem problema. Você virá de uma forma ou de outra. – E começou a puxar aquele Ser pelas correntes. – Pode mostrar o caminho, Guardiã.

Eles seguiram para os fundos do cemitério. Ali, entre dois jazigos havia um portal.

Naquele momento, lembrando dos ensinamentos que teve junto à Guardiã Rosa Negra, a Guardiã Maria Padilha plasmou em seu espírito seu vestido negro e adentrou pelo portal. Em seguida, o Guardião adentrou, trazendo consigo o jovem em espírito, que ainda era arrastado pelas correntes.

Todos desceram por uma passagem pouco iluminada. Ao final, havia o que parecia uma alcova, e lá, diversos espíritos que transgrediram a Lei e fizeram suas escolhas quando em vida na carne esperavam o esgotamento em seus espíritos para que pudessem seguir outros caminhos... Muitos deles estavam inconscientes, inclusive. Mas, mesmo assim, alguns seriam levados para prestar contas com a força que detém o poder sob seres que carregavam negatividades em seus espíritos... Força esta conhecida como: Senhor das Almas.

Ainda plasmada com seu vestido negro, a Guardiã olhou para todos os que ali estavam, olhou para o jovem ao lado, em seguida se dirigiu ao Guardião

– Pode tirar as correntes dele, Guardião. Ele não vai fugir. – Em seguida se dirigiu ao jovem em espírito – Parece que carrega dons em seu espírito, não é mesmo?

– Sim, Guardiã! Mas não iria usar contra aquele casal! Pode ter certeza!... Só iria pegar para mim a essência do que foi ofertado!... Mesmo assim peço perdão!

– Acalme-se! Não precisa ficar apavorado. Se tiver de pagar, suas súplicas e pedidos de perdão não farão diferença – disse a Guardiã de forma tranquila, em seguida perguntou: – Tem o dom de sentir o que os outros sentem ou até mesmo irradiar com suas mãos... Não tem?... E não adianta dizer que não, pois você mesmo afirmou que irradiaria contra min... Não disse?

Apavorado, aquele ser estava certo de que ficaria preso naquele local sem saber por quanto tempo ou até que seu espírito fosse esgotado.

Ainda amedrontado, aquele ser disse:

– Sim, Guardiã. Tenho esse dom. Mas disse aquilo apenas por dizer... Eu não iria fazer!

– Vou fingir que acredito no que está dizendo: – disse a Guardiã e prosseguiu: – Vá até aquele ser que está inconsciente, encoste sua mão nele e me diga o que sente.

Sem pensar duas vezes, aquele jovem em espírito caminhou até um ser que ali estava, encostou sua mão e sentiu o que nele vibrava. Em seguida voltou até a Guardiã.

– O que pôde sentir? – perguntou a Guardiã, de forma séria.

– Arrependimentos, angústia, certeza de que não terá perdão pelo que fez, vontade de ter seu espírito exterminado!... Só coisas ruins, Guardiã – disse ele, ainda sentindo tudo em seu espírito.

– Muito bem... Agora vamos sair.

Já de volta ao cemitério, a Guardiã olhou de forma séria para aquele jovem em espírito e disse:

– Escute bem o que vou dizer: Tudo o que sentiu naquele local poderá sentir em seu espírito, caso tente novamente adentrar nesse cemitério!... Não me custará nada fazer com que seu espírito vá para lá e ali fique até ser esgotado!... Isso não é uma ameaça! É um alerta!... E não pense que está se livrando de sua sentença! Caso continue nesses caminhos, não tenha dúvida de que pagará por tudo! Caso escolha mudar seus caminhos... Bem. Aí quem vai decidir se pagará ou não será a Lei!... E não pense que poderá enganar a outros plasmando outras formas em seu espírito!... Olhe em seu peito... Seu espírito foi marcado pela força contida em meu punhal! Qualquer Ser de Luz saberá que você foi pego por algum Guardião ou Guardiã!... Pode ter certeza!... Se for pego, não terá uma segunda chance!.... Agora já pode sumir deste cemitério!

Com seus olhos arregalados, ele deu três passos para trás, em seguida lançou-se para fora do cemitério.

– Obrigada pela ajuda, Guardião.

– Disponha, Guardiã... Posso fazer uma pergunta?

– Claro, Guardião.

– Por que o libertou?

– Sei que pode responder a essa pergunta, Senhor Guardião – disse a Guardiã com um leve sorriso em sua face.

– Ele poderá ser um dos nossos, não?

– Se conseguirmos fazer com que ele se alie às forças da esquerda, teremos um grande aliado, Guardião... Ele carrega dons!

– Também acho... Sábia forma de agir, Guardiã!... Ainda bem que você estava à frente dessa missão. Talvez, se fosse eu à frente ou se ele fosse pego por outros companheiros, até poderia ter uma segunda chance, mas...

– Conheço a essência de vocês, Guardiões. Sei muito bem que fazem seus trabalhos dentro da Lei... Mas também têm suas leis.

– Bem, acho que vou seguir aquele jovem para ver por quais bandas ele fica... Quem sabe eu não consiga um bom diálogo com ele.... Boa noite, Guardiã – disse o Guardião e lançou seu espírito.

"O que aconteceu com aquele jovem em espírito?... Tempos depois, ele teve um novo encontro com a Guardiã. Porém, trajando vestes como as dos Guardiões de Lei."

O tempo passava. A Guardiã seguia sua missão naquela calunga e em outros pontos de força. Mas o que ela não imaginava é que logo estaria em missões em templos... E isso realmente aconteceu. Porém, antes de iniciar em missões em templos, a Guardiã seria convidada a visitar um em específico, onde teria uma saudação às forças da esquerda.

Visita a um Templo. Saudação às Forças da Esquerda

A Guardiã estava sem seu ponto de força, quando recebeu uma visita...

— Salve Guardiã Maria Padilha! — era o Exu Sete Capas quem a saudava.

— Olá, Guardião!... Fico feliz com sua visita... Posso ajudar em algo ou em alguma missão?

— Na verdade vim para fazer um convite... Sabe aquela casa que estava tomada por forças inimigas e nós conseguimos fazer com que voltasse a ser um templo religioso?

— Aquela onde fui acorrentada por você, Guardião? — a Guardiã perguntou com um leve sorriso em sua face.

— Bem... Sim... Precisava ser daquela forma.

— Tudo bem, Guardião. Não guardo más lembranças sobre o que aconteceu. Afinal, a Lei voltou a imperar naquele templo... Não é verdade?

— Isso mesmo, Guardiã!... Sua ajuda e a força que existe em seu punhal foi muito importante para que tivéssemos sucesso naquela missão! Hoje, tanto o responsável atual pelo templo como os filhos seguem a doutrina da casa segundo a Lei!... E olhe que, desde que estivemos lá, o templo teve apenas um responsável... Por ter passado muitos anos do plano terrestre, o desencarne chegou para os antigos... Mas os mais novos foram dando continuidade.

— Fico feliz em saber... E qual seria o convite, Guardião?

— Haverá uma saudação ao povo da esquerda no templo. Todos os filhos e as filhas levarão algo para saudar seu esquerda. E nós fomos convidados pelos Guias chefes do templo!... Aliás!, todos os que ajudaram na missão foram convidados!... Os velhos sábios, Barnabé e Joaquim também estarão lá.

– Será uma honra para mim, Guardião.

– Estarei aqui no dia marcado... Boa noite, Guardiã.

Dias depois, o Guardião voltou no cemitério. Ao seu lado estavam o Exu Tranca-Ruas e Exu do Ouro, e, ao lado da Guardiã, lançaram seus espíritos até aquele templo.

Era noite. Já dentro do templo, a Guardiã observava tudo.

Início dos trabalhos. Os Guardiões, a Guardiã e Barnabé estavam em determinada parte onde podiam ver tudo. E durante a defumação, a Guardiã perguntou:

– O que eles estão fazendo, senhor?

– Estão fazendo a defumação da casa e dos filhos... Uma limpeza espiritual, em poucas palavras – respondeu Barnabé.

– E por que aqueles espíritos de luz estão seguindo os jovens que fazem a defumação?

– São os Guias de defumação, filha. Além de outras coisas, eles ajudam a vibrar energias nos filhos para que fiquem equilibrados e assim possam receber as vibrações dos Guias de forma mais fácil quando chegarem a esse templo.

Algum tempo depois do início dos trabalhos, todos já haviam saudado os Orixás. Então, o Guia chefe daquele templo, um sábio que vinha na linha dos Pretos-Velhos, irradiou forças ao responsável pelo templo, fez com que ele caminhasse até o centro e, com as ferramentas dos Guias da esquerda, firmou um ponto no solo, onde seria aberto um portal para que os Exus Guardiões pudessem chegar.

Algum tempo depois, tudo estava firmado. Os filhos daquele templo saudavam os Guardiões e as Guardiãs por meio de cantos e toques nos tambores, quando, durante um determinado canto, a Guardiã viu um portal abrindo bem no centro do templo. E dele, também viu os Guias da esquerda chegando... Guardiões e Moças... Eles iam na direção de suas matérias, irradiando forças e dando axé.

Estava feito. Irradiados e orientados por Guardiões e Guardiãs, a maioria dos filhos fazia suas firmezas e era servida do que fora levado como oferta.... Sim, a maioria, pois entre os filhos havia alguns que ainda eram novos e estavam em aprendizado. E estes ajudavam a atender Guias.

Dentre estes que não estavam irradiados pelos Guias havia uma jovem que já tinha um bom tempo de aprendizado. Naquele momento, ela tinha algumas lágrimas em seus olhos. E o motivo era por estar ali por amor. Mas, mesmo com todo amor, não conseguia ter contatos com os Guias... Para ser mais exato... Aquela jovem bloqueava seu mental. E isso dificultava para que os Guias se aproximassem dela.

A Guardiã observava aquela jovem, quando o Exu Sete Capas se dirigiu a ela...

– O que está achando, Guardiã?

– Tudo muito lindo, Guardião. Jamais imaginária que os Guias da esquerda eram saudados dessa forma... É lindo de se ver como esses Exus e Moças vibram suas energias em suas matérias.

A Guardiã ainda admirava aquela linda festa, mas também observava a jovem que chorava. E, percebendo que a Guardiã parecia estar compadecida, Barnabé se dirigiu a ela...

– Tudo bem, filha?

– Por que aquela jovem está chorando, senhor?

– Ela acha que os Guias não se aproximam dela. Criou um bloqueio em seu mental, e isso atrapalha para que as forças se aproximem... A Guardiã que a acompanha já veio e fez o que precisava ser feito e voltou para sua morada. Mesmo tendo um bloqueio, ainda assim aquela jovem recebeu seu axé da esquerda.

Algum tempo depois, aquela jovem ainda tinha lágrimas em seus olhos. Estava em prece. E a Guardiã ainda a observava.

– Ainda preocupada com aquela jovem, Guardiã? – perguntou Barnabé.

– Confesso que sim, senhor... É triste vê-la chorando.

– Então faça algo por ela, filha.

– Eu?!... Fazer algo?! – a Guardiã perguntou com ar de dúvida.

– Sim, filha. Você! Afinal, não é o que vibra em seu espírito nesse momento? – disse Barnabé com leve sorriso em sua face.

– Sim... Mas...

– Vá, filha. Faça o que deseja fazer... Vibre sua força naquela jovem. Dance, sorria, converse com os outros... Aproveite!... Afinal, essa festa também é para você – disse Barnabé e distanciou-se da Guardiã.

Certa de querer ajudar aquela jovem, a Guardiã aproximou-se dela, ficou olhando em seus olhos, entrou em seu mental e disse: – Acredite, linda jovem... Basta ter fé, e as forças se aproximarão de ti.

A jovem não ouviu. Mas sentiu a força da Guardiã próxima a ela.

Percebendo que a jovem havia sentido sua presença, a Guardiã, usando da força contida em seu espírito, irradiou sob a jovem, tomou parte de seu mental e dominou parte de seu motor. E, segundos depois, tendo parte de seus movimentos dominados pela Guardiã, a jovem ainda chorava, mas também girava e dançava sem muito controle do que fazia... Sim... Naquele momento, a Guardiã teve seu primeiro contato com um encarnado em um templo.

Em determinado momento em que aquela jovem recebia as vibrações da Guardiã, um dos filhos daquele templo aproximou-se para saudar a força ali presente. Porém, quando percebeu que seria abraçada, a Guardiã fez com que a jovem desse um passo para trás, e ficou olhando de forma séria... O jovem afastou-se sem nada entender.

Percebendo tal cena, Barnabé foi ter com a Guardiã...

– Filha, grave bem o que vou dizer. E não aceite minhas palavras como se estivesse chamando sua atenção ou algo do tipo... Não!... O que vou dizer é apenas para que ajude filha a olhar algumas situações com outros olhos.

– Acho que já sei o que o senhor vai dizer... Peço desculpas. Mas ainda não é fácil para mim.

– Posso imaginar que realmente não seja. Sei que é difícil deixar que homens se aproximem de você. Mas precisa começar analisar algumas situações. Pois agora que é uma Guardiã, quando der o ar dar graça em algum templo, muitos irão querer saudar sua força. Afinal, és uma Guardiã de Lei!... E querida como todas!... Nem sempre um abraço vem com segundas intenções, filha. E não tenho dúvidas de que o abraço daquele jovem seria de gratidão por saber que a matéria dessa jovem está envolvida por sua força... E não precisa pedir desculpas... O que vibra em sua essência ainda será trabalhado por você. E também não será cobrada por tal ato – disse Barnabé e novamente afastou-se da Guardiã.

Naquele momento, ainda irradiando e tendo certo controle no mental e motor daquela jovem, a Guardiã observava aquele jovem que tentou saudá-la e também analisava as palavras de Barnabé. Sim. Ela notou que havia cometido um engano. Porém não foi julgada por tal ato... Aquele receio estava em sua essência... Mas ainda assim conseguiu reparar tal ato.

Certa de como iria agir, a Guardiã, ainda tendo controle sob o mental e motor da jovem, fez com que ela fosse até o altar. Ali saudou, apanhou uma rosa vermelha, caminhou até o jovem que havia tentado abraçá-la, saudou-o com gesto cordial, direcionou a rosa e disse:

– Moço, esse é um presente para você. – Entregou a rosa a ele, o abraçou e disse próximo ao seu ouvido: Maria Padilha das Almas agradece seu amor e carinho para comigo. – O saudou novamente e voltou para junto dos outros Guardiões e Guardiãs que ali estavam.

Hoje em dia, depois de muito trabalhar esse lado, a Guardiã sente-se segura quando um encarnado se aproxima para saudá-la... Porém, não age da mesma forma quando um espírito sem luz tenta se aproximar dela. Afinal, ela sabe o que muitos deles desejam. E, se for preciso, tenta até dialogar para que esses mudem seus caminhos... Mas ela também tem seus limites.

Essa é a história dessa Guardiã. Depois de tudo o que passou em vida na carne e em espírito, acreditou, reencontrou sua fé, teve ajuda dos Guias de Lei até se regida pelas forças Divinas e ser direcionada para a calunga onde seria seu ponto de força. E hoje a linda jovem que fora Ruth quando em vida na carne ainda segue sua missão. Além de proteger sua calunga, cuida para que espíritos sem luz sejam direcionados para o seu devido local, até ser esgotados, para que assim possam ser direcionados a outros caminhos. Além disso, a Guardiã ainda continua dando o ar da graça em templos religiosos e em outros pontos de força.

"Posso ter sido frágil na carne... Mas não carrego a mesma fragilidade em meu espírito! Tenho uma missão a cumprir! Se tiver de sentenciar dentro da Lei, não tenha dúvida de que o farei. Afinal, carrego um nome. E devo zelar por ele!"... Maria Padilha das Almas, a Guardiã das Sete Catacumbas.

Fim

MADRAS® Editora

Para mais informações sobre a Madras Editora,
sua história no mercado editorial
e seu catálogo de títulos publicados:

Entre e cadastre-se no site:

www.madras.com.br

Para mensagens, parcerias, sugestões e dúvidas, mande-nos um e-mail:

marketing@madras.com.br

SAIBA MAIS

Saiba mais sobre nossos lançamentos,
autores e eventos seguindo-nos no facebook e twitter:

@madrased

/madraseditora